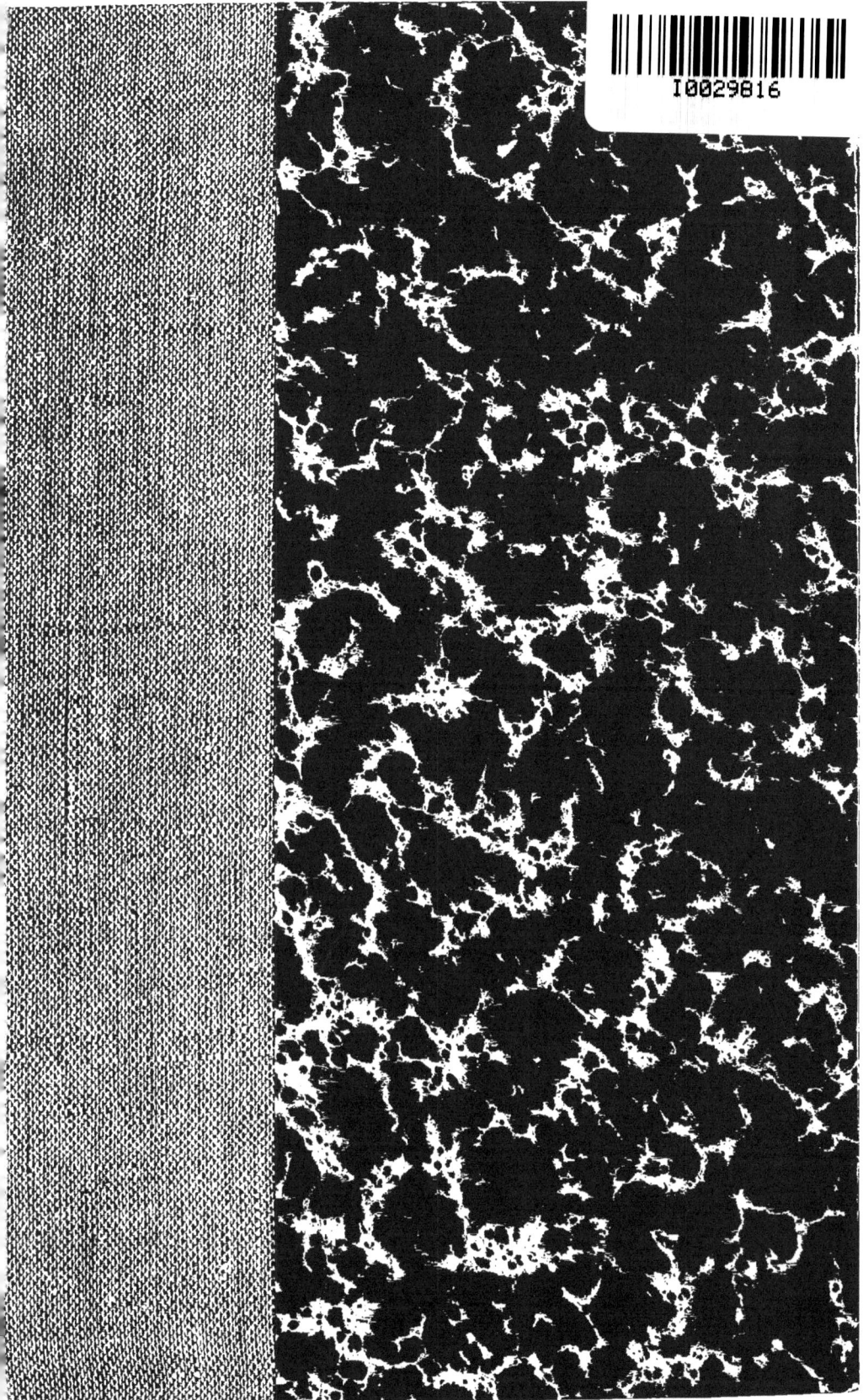

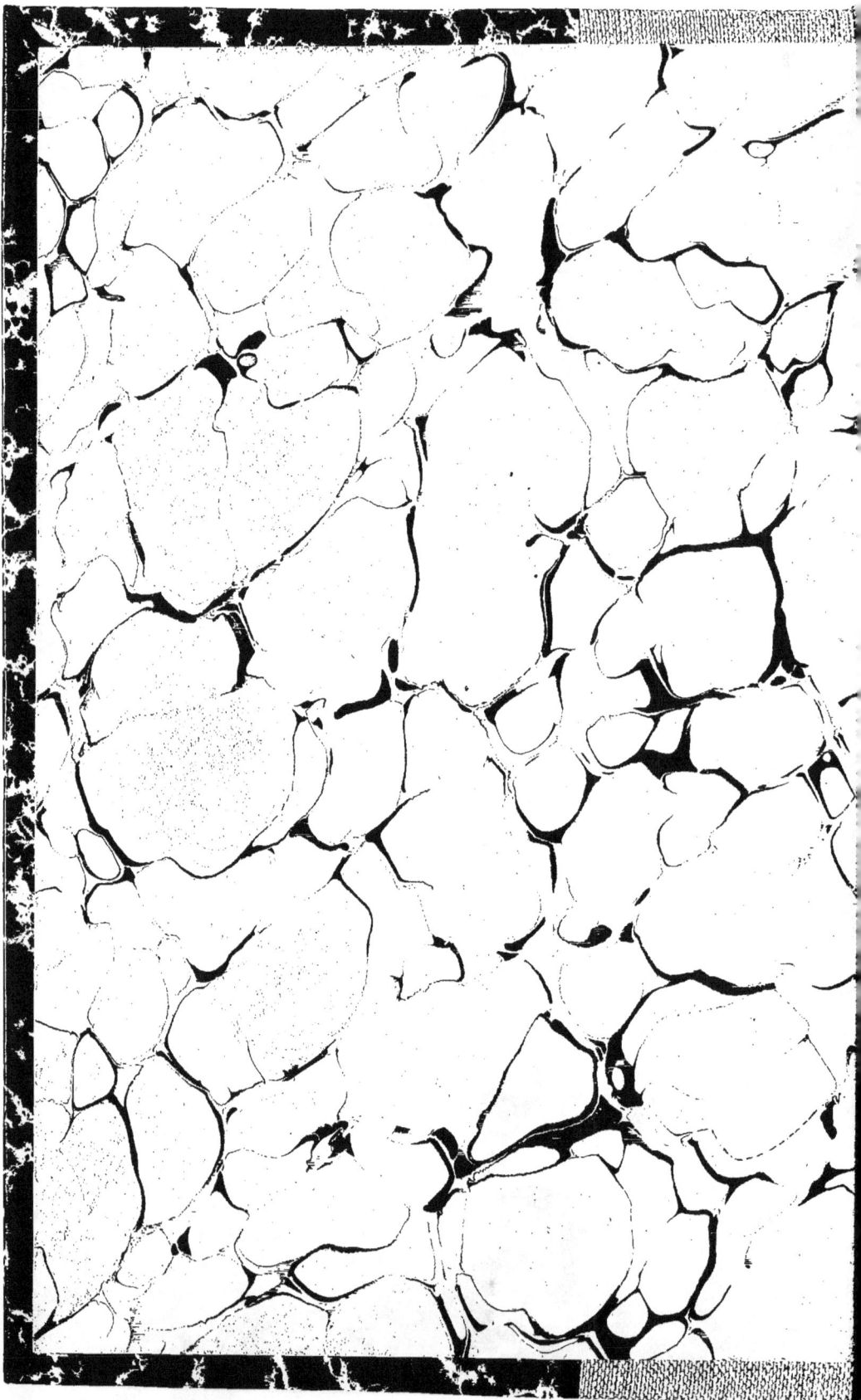

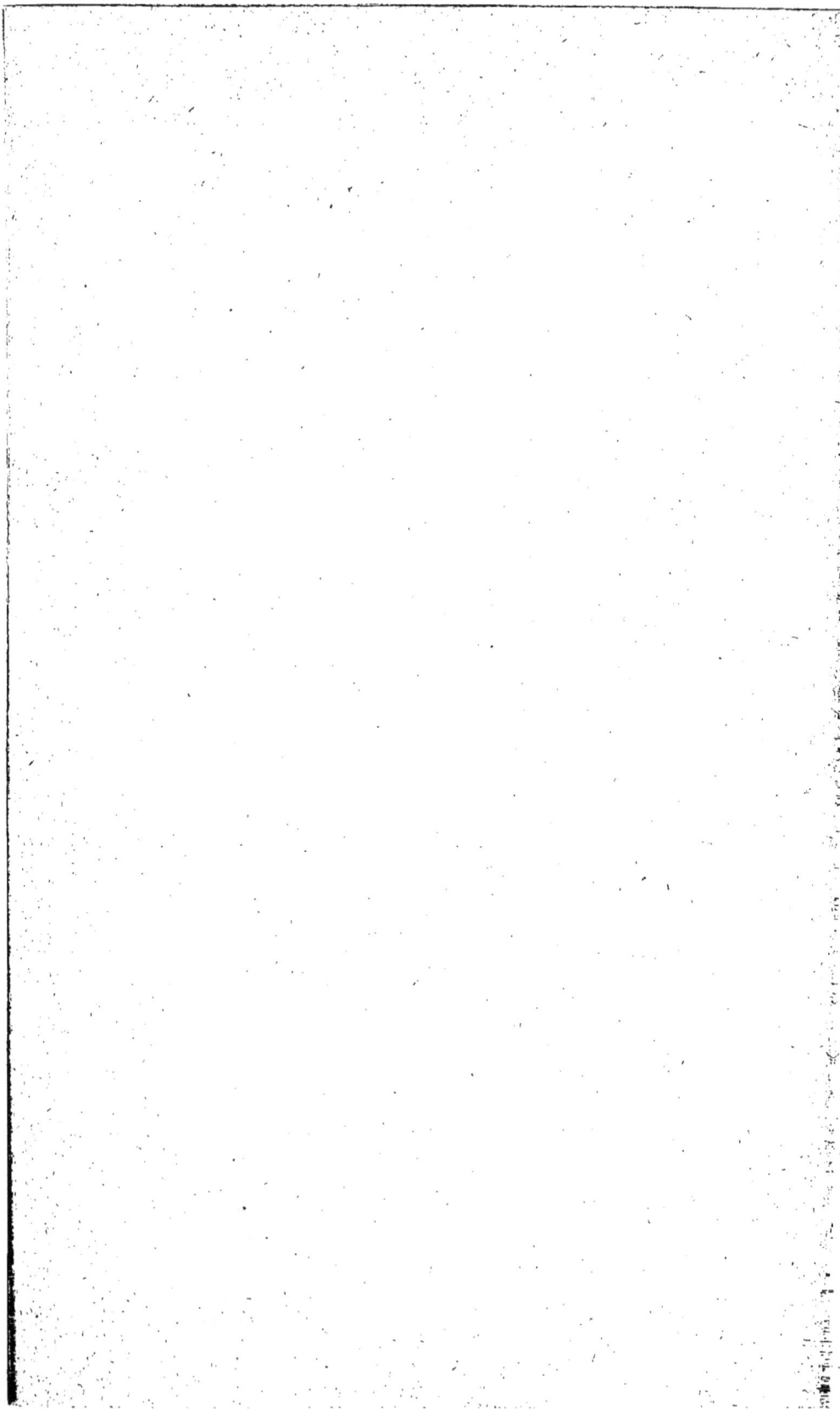

FACULTÉ DE DROIT DE PARIS

LES
ENFANTS NATURELS

EN

DROIT INTERNATIONAL PRIVÉ

THÈSE POUR LE DOCTORAT

présentée et soutenue le Samedi 18 Juin 1898, à 10 heures

PAR

Alfred JUVARA

Président : M. WEISS, professeur.
Suffragants : MM. LAINÉ, professeur.
PILLET, agrégé.

PARIS
A. PEDONE, Editeur
LIBRAIRE DE LA COUR D'APPEL ET DE L'ORDRE DES AVOCATS
13, Rue Soufflot, 13

1898

THÈSE

POUR LE DOCTORAT

FACULTÉ DE DROIT DE PARIS

LES
ENFANTS NATURELS
EN
DROIT INTERNATIONAL PRIVÉ

THÈSE POUR LE DOCTORAT

présentée et soutenue le Samedi 18 Juin 1898, à 10 heures

PAR

Alfred JUVARA

Président : M. WEISS, professeur.

Suffragants : { MM. LAINÉ, professeur.
{ PILLET, agrégé.

PARIS

A. PEDONE, Éditeur

LIBRAIRE DE LA COUR D'APPEL ET DE L'ORDRE DES AVOCATS

13, Rue Soufflot, 13

1898

A mon Père

A ma Mère

INTRODUCTION

La filiation naturelle n'est pas envisagée de la même manière par toutes les nations civilisées, et sans entrer dans des détails qui seront donnés plus loin, il suffit de mettre en présence le C. Nap. et le code civil allemand pour constater que cette question est traitée d'une manière diamétralement opposée.

Le Code Napoléon n'admet en fait qu'un seul mode de preuve de la filiation naturelle, c'est la reconnaissance volontaire, pour la validité de laquelle l'article 334 exige la forme authentique. Quant à la reconnaissance forcée, elle est prohibée d'une manière presque absolue, du moins à l'égard du père (art. 340) ; elle est permise en principe à l'égard de la mère, mais dans ce cas, elle est soumise à des conditions qui la rendent en fait impossible. (Art. 341).

Les articles 335 et 342 interdisent d'une manière absolue toute reconnaissance volontaire ou forcée de la filiation adultérine et incestueuse, qui ne peut être légalement constatée que dans quelques cas exceptionnels.

Au contraire, le code civil allemand ne parlant pas des preuves de la filiation naturelle, on doit conclure de ce silence que cette filiation peut être établie par tous moyens de preuve, aussi bien par reconnaissance authentique ou privée que par la possession d'état ou l'acte de naissance.

Ce dernier code admet la recherche de la paternité dans la plus large mesure et ne fait aucune distinction entre les enfants naturels simples et les enfants incestueux ou adultérins.

Une fois la filiation naturelle légalement constatée, le Code civil français, sans distinguer entre la reconnaissance volontaire ou forcée, ou entre le père et la mère, la considère comme une filiation à part, complètement séparée de la filiation légitime, et produisant des effets spéciaux.

Au contraire, le Code civil allemand fait la distinction suivante : vis-à-vis de la mère, l'enfant a la position de l'enfant légitime « nul n'est bâtard de par sa mère », entre le père et l'enfant naturel au contraire, il n'y a aucun lien de parenté, le seul droit de l'enfant est d'exiger une pension alimentaire jusqu'à l'âge de 16 ans ; action qui exercée par la mère n'est pas une action semblable à celle que l'art. 340 code Nap. accorde dans un cas spécial, mais bien une action en dommages-intérêts ayant deux chefs : les frais de l'accouchement et l'entretien de l'enfant jusqu'au moment où il est en état de gagner sa vie.

Le code Napoléon, ne connaît qu'une seule légitimation : celle par mariage subséquent, pour la validité de laquelle il exige une reconnaissance antérieure et qu'il ne permet qu'en faveur des enfants naturels simples.

Le code civil allemand, à côté de la légitimation par mariage subséquent, qui n'est soumise à aucune reconnaissance antérieure et qui peut avoir lieu même au profit des enfants incestueux et adultérins, admet la légitimation par rescrit du prince.

Cette manière différente de comprendre la filiation naturelle, donne lieu à des conflits que nous nous sommes proposés d'étudier dans cette thèse.

Sans discuter les mérites des différentes écoles de droit international privé, c'est à l'école italienne que nous demanderons la solution de ces conflits. Cette école appelée aussi la doctrine de la *personnalité du droit*, est professée par tous les auteurs de droit international en Italie, par Laurent en Belgique et par MM. Weiss, Durand, Surville, Arthuys et Audinet, en France.

Le principe fondamental de cette doctrine est, que la loi qui est en rapport direct avec la race et le tempérament des individus, ne peut régir que ceux pour qui elle a été faite, mais elle les régit partout où ils se trouvent et dans tous les rapports juridiques ; en revanche elle n'est point applicable aux étrangers résidant sur le territoire.

Et cette loi, c'est la loi de la patrie, ou la loi nationale, sauf des cas exceptionnels où c'est la loi du domicile.

« Les qualités distinctives et immanentes sont la conséquence de la race, des usages, des traditions, du lieu d'origine, et de tout l'ensemble des éléments qui constituent le caractère et le génie civil de chaque peuple et de chaque nation. Il est par conséquent plus raisonnable de dire que les qualités fondamentales juridiques de la personne sont réglées partout par les lois de sa patrie. » (Fiore, p. 85).

Mais à ce principe fondamental et absolu, on apporte d'importantes exceptions qui résultent de l'*ordre public international*, de la règle *Locus regit actum*, et de l'autonomie de la volonté.

Quant aux tempéraments résultant de l'*ordre public international* et de la règle *Locus regit actum*, nous n'en dirons rien ; car ces deux questions touchant de près à notre matière, nous les étudions avec détails plus loin. Au contraire, l'exception dite de l'*autonomie de la volonté* étant complètement étrangère à notre travail, nous dirons ici quelques mots. Les dispositions de toute législation sont de deux natures : les unes sont obligatoires, c'est-à-dire considérées comme étant d'ordre public, les autres, au contraire, sont purement interprétatives — c'est-à-dire facultatives, et, par conséquent, peuvent être remplacées par des règles différentes, en matière de testament. Par exemple, on nomme *autonomie de la volonté* le droit qu'à le testateur de remplacer les dispositions de sa loi personnelle, quant à la dévolution *ab intestat* des biens, par des dispositions quelconques admises par une loi étrangère dans cette matière. « Ainsi, dans la matière de contrats comme dans celle des testaments, en un mot, partout où la volonté est la loi des parties, la doctrine de la personnalité du droit s'efface devant elle, ou pour mieux dire c'est cette doctrine elle-même qui lui donne effet en se modifiant ». (Weiss, p. 115, t. III, Traité théorique et pratique).

Il est facile de voir que ce sont les articles 324-342, la succession, la donation, le testament et la légitimation qui sont le fond de notre travail ; mais, voulant présenter la question d'une matière complète, nous avons cru qu'il fallait ajouter un chapitre sur la nationalité, avec laquelle nous commençons, un autre chapitre sur la condition des étrangers et enfin un dernier sur les effets généraux de la filiation naturelle — ne nous occupant, bien entendu, que des dispositions spéciales à notre matière.

La majorité des auteurs qui ont écrit sur le droit inter-national privé ont adopté le plan suivant : sur chaque ques-tion, ils divisent la matière en deux parties, dans la pre-mière, ils traitent la législation comparée, c'est-à-dire ils signalent les principales différences entre les législations, dans la seconde partie, ils traitent des conflits.

Nous avons suivi le même plan. Mais comme ce sont les dispositions du C. Nap. qui nous intéressent spécialement, nous avons cru qu'il était indispensable de faire une place à part au Code civil français. Nous traitons donc chaque question d'abord en *droit français*, ensuite en législation comparée et nous finissons par les conflits.

Etudier avec soin les dispositions du Code civil français, aura pour résultat, croyons-nous, de restreindre beaucoup la notion de l'ordre public international et sans donner beaucoup de détails ici, prenons pourtant un exemple :

L'article 340 § 2 n'admet la recherche de la paternité qu'en cas de rapt. Le Code civil Italien l'autorise même en cas de viol. On suppose une action en recherche de paternité intentée en France, par un italien contre un autre, en cas de viol.

Cette action sera-t-elle repoussée par l'ordre public in-ternational ?

A ne consulter que le texte de l'article 340, l'affirmative paraît évidente, mais si on se rappelle, que dans une opi-nion enseignée par de grands jurisconsultes comme *Demante* et *Demolombe*, le mot rapt comprend aussi le cas de viol, cette affirmation ne nous paraît plus exac'e — nous voulons bien admettre que cette opinion soit très discutable et même erronnée en droit interne. Mais par cela seul, que de grands jurisconsultes français ont soutenu que le cas de viol est contenu dans l'article 340, § 2, nous ne pouvons pas comprendre que l'action de l'italien soit interdite en France comme repoussée simplement par la morale sociale.

Comme législations étrangères, nous nous contentons d'étudier les Codes civils : Espagnol, Portugais, Italien, de l'île de Malte, Allemand, Russe, Anglais, Roumain, des cantons de Zurich et des Grisons ; et cela pour deux raisons, d'abord parce que l'étude de ces législations nous a fourni tous les conflits dont nous avions besoin et ensuite en raison de l'impossibilité de nous procurer des traductions de tous les autres Codes.

Quant aux conflits qui naissent en cette matière des principes différents admis par les législations que nous avons étudiées, c'est surtout sur les articles 335, 340, 341, 342, 756, 762, 908, que nous nous séparons de l'opinion générale, en ne considérant pas ces dispositions comme étant d'ordre public international.

Savoir si une disposition du Code Napoléon est ou non d'ordre public international, est en somme une question d'appréciation personnelle, bien que les auteurs disent que l'opinion personnelle n'a aucune valeur et que c'est l'esprit de la loi seul qu'il faut consulter. Cette restriction n'est ici que pour la forme, car malgré la meilleure volonté du juge, n'est-il pas fatal que celui-ci prête au législateur ses propres idées ?

Cela étant, on peut se contenter d'affirmer qu'une disposition est, ou non d'ordre public international, et c'est en effet ce qu'ont fait quelques auteurs (Laurent, Brocher,

Boissarie), en décidant que les articles 335 et 340 ne sont pas d'ordre public absolu. Nous avons cru que cette manière de procéder peut bien être permise de grands jurisconsultes comme Laurent et Brocher, mais qu'à nous ce moyen nous était interdit ; et c'est pourquoi tout en ne renonçant pas d'invoquer ce dernier argument tiré de l'appréciation personnelle de la notion d'ordre public, nous avons essayé de justifier par d'autres moyens notre opinion sur ces articles.

Nous n'ajouterons qu'un mot pour en finir avec cette introduction, Sur un grand nombre de points nous n'avons pas la même opinion que notre président M. Weiss, pour les idées duquel nous avons le plus grand respect, mais cette divergence d'opinions s'explique de la manière la plus simple : tandis que M. Weiss, de même que tous les auteurs de droit international privé, ne s'occupe que des principes généraux et de leur conséquence, sans marquer aucune faveur ou défaveur à la filiation naturelle, nous avons été dominé par la préoccupation constante de nous montrer favorable aux enfants naturels de la manière la plus absolue, et c'est sous l'influence de ce sentiment que nous avons été amené parfois à des conclusions toutes particulières.

CHAPITRE PREMIER

Nationalité

———

On définit la nationalité : le lien qui rattache un individu à une nation déterminée, et, de cette définition, ainsi que des principes fondamentaux de la matière, il résulte que toute personne doit avoir une nationalite et que nul ne peut en avoir deux. Cette conséquence n'est vraie qu'en théorie, car en réalité il arrive très souvent qu'un individu n'ait aucune patrie (Heimatlos) et qu'un autre en ait deux ou plusieurs et cette situation n'est pas près de finir, car elle découle des principes opposés admis par les différentes législations en matière de nationalité, et on ne peut la prévenir qu'au moyen d'une entente générale qui n'est guère probable.

Pour déterminer la nationalité d'un individu trois systèmes sont possibles :

a) Un premier qui ne tiendrait compte que de la nationalité des parents, sans s'occuper du lieu de la naissance. C'est le système du *Jus sanguinis*.

b) Un second tout-à-fait opposé, qui ne s'occuperait que du lieu de la naissance, quelque soit la nationalité des parents. C'est le système du *Jus soli*.

c) Enfin, un troisième qui combine les deux premiers, en donnant la préférence soit à l'un soit à l'autre.

Le premier système est celui des anciennes législations Grecque et Romaine, le deuxième, celui de l'ancien droit Français et du droit intermédiaire et le troisième celui du C. c. Français, modifié par les lois du 7 février 1851, 26 juin 1889 et 22 juillet 1893, qui, tout en donnant la préférence *au Jus sanguinis*, fait une large part au *Jus soli*.

Nous ne nous occuperons que de la nationalité de l'enfant naturel, en tant qu'elle présente des caractères particuliers à cette filiation.

DROIT FRANÇAIS. — *Nationalité de l'enfant naturel acquise jure sanguinis*. — Il faut distinguer 3 cas :

1er cas. L'enfant n'a été reconnu que par son père ou par sa mère. L'art. 8 C. Nap. n° I prévoit deux hypothèses : a) la filiation a été constatée pendant la minorité de l'enfant, celui-ci prend la nationalité de celui qui l'a reconnue, b) la filiation n'a été constatée qu'après la minorité, l'enfant garde la nationalité qu'il avait acquis *Jure soli* en vertu du même article n°.2 et, s'il veut acquérir la nationalité du père, il n'a que le moyen de la naturalisation.

Tout ceci résulte de l'article 8 n° 1 qui pourtant n'est pas trop clair, ni même complet ; car, en parlant de la minorité, il oublie de nous dire de quelle minorité il s'agit. Est-ce de celle qui est établie par la loi personnelle du père ou bien de celle établie par la loi de l'enfant qui est ici le C. C. Français ? Malgré ce silence, il est incontestable qu'il s'agit ici de la majorité du C. C. Français, la seule que le législateur ait eu en vue. C'est l'opinion de M. Weiss, cette solution étant seule conforme aux principes généraux du droit international privé et c'est aussi celle de M. Guillot comme résultant de l'article 8 n° 4, et de l'art. 9 alinéa 1er, ainsi que du rapport de M. Delsol au Sénat, le 3 juin 1889. (V. Weiss p. 62 note 3 t. Ier et Guillot p. 157, thèse Lyon 1890).

Il résulte donc de là que si l'enfant naturel est reconnu après 21 ans, cet enfant reste toujours français, et cette solution qui ne tient pas compte d'un des effets de la reconnaissance, la rétroactivité est éminemment pratique, car elle protège le crédit de l'enfant et des personnes qui auraient traité avec lui.

M. Colmet de Santerre, s'exprime ainsi à ce propos : « c'est un majeur en possession de l'état de Français, la loi n'a pas voulu que cette qualité lui fût enlevée, malgré lui peut-être, par une reconnaissance ou par un jugement. » (Demante et Colmet de Santerre t. I n° 19 bis V).

2e cas. L'enfant a été reconnu en même temps par son père et par sa mère. L'article 8 n° 2 dit que l'enfant prendra la nationalité du père, pourvu, bien entendu, que la reconnaissance ait eu lieu pendant la minorité de l'enfant. Les droits des parents étant égaux, la loi a donné avec raison la préférence au père, en assimilant à cet égard l'enfant naturel à l'enfant légitime.

Ce point, qui est consacré par la loi du 26 juin 1889, était très discuté avant cette loi et il n'y avait pas moins de trois opinions sur la question.

A. Dans une première opinion l'enfant suivait toujours la nationalité de la mère ; c'était l'opinion de Duranton, qui distinguait deux hypothèses :

a) L'enfant reconnu par une mère française et un père

étranger, l'enfant sera français par application de la règle du Droit Romain « *partus ventrem sequitur* ». Sa raison principale est que l'enfant qui voudrait contester la reconnaissance du père (art. 339) ne pourrait presque jamais prouver la fausseté de cette reconnaissance et que, par conséquent, un étranger peut, en le reconnaissant, lui enlever la qualité de français alors même qu'il aurait été conçu et qu'il serait né en France.

b) La mère est étrangère, mais le père est français. L'auteur admet bien la même règle, en principe, mais, finalement, il conclut que la question pourrait dépendre des circonstances ; surtout quand l'enfant a reçu le jour en France et a été reconnu par son père, peu de temps après sa naissance.

On voit que Duranton n'est pas loin de conclure qu'il suffit que l'un des parents soit français pour que l'enfant le soit aussi. (Duranton, t. I, nos 124 et 125. Edition de 1825).

B. Dans une autre opinion, l'enfant pouvait choisir entre la nationalité du père et celle de la mère. « Car, dit Laurent, nous sommes en face de deux nationalités distinctes sans qu'il y ait une raison déterminante, pour nous, de décider, en faveur de l'une plutôt que l'autre ». (Richelot, t. I, n° 66 ; Laurent, t. I, n° 331).

C. Enfin, dans une troisième opinion, suivie par la grande majorité des auteurs et par la jurisprudence, l'enfant suivait la nationalité du père ; car c'est lui qui consent au mariage de l'enfant naturel, c'est lui qui exerce la puissance et, ajoute M. Brocher, c'est du père qu'il faut attendre l'aide et l'influence principale. (Voir les autorités citées par par M. Weiss, p. 66, note 3, t. I).

Pour M. Weiss, il ne faudrait pas prendre ce texte à la lettre et exiger que les deux reconnaissances soient contenues dans un même acte ou qu'elles résultent d'un jugement unique, « il suffit que la preuve ait été faite, le même jour, pour le père et pour la mère, alors même qu'elle résulterait d'actes ou de décisions judiciaires intervenues en deux endroits différents ». (Weiss, t. I, p. 67).

Et cette opinion nous paraît incontestable. Si elle ne découle pas du texte, elle résulte de l'esprit de la loi, qui n'a pas voulu que la nationalité de l'enfant, fixée par la reconnaissance de la mère, puisse être changée longtemps après par la reconnaissance du père. Or, si les deux filiations sont constatées le même jour, l'intervalle qui les sépare est tellement petit qu'on peut en faire abstraction dans l'intérêt de l'enfant.

3e cas. — L'enfant naturel a été reconnu successivement par ses auteurs.

Avant la loi du 26 juin 1889, la jurisprudence et la majorité des auteurs décidaient que l'enfant suivrait la nationalité du père, sans tenir compte de la distance qui séparait les deux reconnaissances. Cette solution, très juridique, avait de grands inconvénients pratiques en matière de nationalité. La loi de 1885 a-t-elle décidé que l'enfant suivra toujours la nationalité de celui qui l'a reconnu le premier, pourvu bien entendu que l'enfant soit mineur. Mais il reste une question très importante et très discutée qui n'a pas été prévue par la loi de 1889 ; c'est la question de savoir à quel moment se placer pour déterminer la nationalité de l'enfant. Au moment de la reconnaissance, de la naissance ou de la conception ? Il est d'abord certain qu'on ne peut pas se placer au moment de la reconnaissance, pour fixer la nationalité de l'enfant, la reconnaissance ne fait que déclarer la filiation naturelle qui existe par le seul fait de la naissance ou de la conception ; d'où il faut conclure que le changement de nationalité, intervenu entre la naissance ou la conception et la reconnaissance, sera sans influence sur la nationalité de l'enfant — nationalité qui est celle du père au moment de la naissance ou conception.

Mais cette conclusion n'est pas toujours exacte, ainsi dans l'espèce suivante :

Au moment de la naissance, l'un des auteurs était étranger, il se fait naturaliser français et reconnaît son enfant. Celui-ci devrait être étranger, d'après ce que nous venons de dire, mais d'après les principes admis par l'art 12 et 18, cet enfant sera français, sauf son droit d'option dans l'année de sa majorité. En effet, ces articles décident que les enfants mineurs d'un étranger qui s'est fait naturaliser français, sont français aussi, sauf leur droit de décliner cette nationalité dans leur 21e année ; or, si le père étranger s'est fait naturaliser français entre la naissance et la reconnaissance, celle-ci n'étant que déclarative, l'enfant sera censé avoir été reconnu le jour de sa naissance et par conséquent avoir acquis la nationalité française depuis la naturalisation de son père, (art. 12 et 18) sauf son droit d'option.

Il ne reste donc que deux époques qui puissent fixer la nationalité de l'enfant naturel : la conception et la naissance,

mais laquelle? Il n'y a pas moins de 4 systèmes sur la
question : 1° Dans un premier système, on distingue entre
la reconnaissance du père et celle de la mère. Dans le premier cas, quand c'est le père qui a reconnu, on se place au
moment de la conception ; car, à ce moment, l'œuvre du
père finit et, désormais, il est physiquement détaché de
l'enfant. Dans le second cas, quand c'est la mère qui a reconnu son enfant, c'est la naissance, au contraire, qui fixera
la nationalité de l'enfant ; car jusque-là , l'enfant n'est
qu'une partie de la mère et ne fait avec elle qu'une seule et
même personne.

Cette distinction qui découle de la nature des choses était
en outre admise par le droit romain et elle a l'avantage de
fixer facilement la nationalité de l'enfant naturel posthume.

Quant à la difficulté de déterminer le moment de la conception, M. Guillot pense qu'il faudra pour la résoudre,
s'adresser aux hommes de l'art. (Demante et Colmet de
Santerre, t. I, n° 18 bis, Guillot, p. 155, 163 et 164), 2°
dans un second système, l'enfant aura le droit d'opter entre
les deux nationalités : celle du moment de la conception et
celle de la naissance.

Il est vrai que l'adage « *Infans conceptus...* » n'est consacré par le C. C. qu'en matière de successions et donations, mais la raison de cet adage, qui est l'intérêt de
l'enfant, étant générale, cet adage doit s'appliquer partout.
C'est l'opinion de Laurent.

« Quoi ! la loi permet à l'enfant d'invoquer l'époque de
la conception quand il s'agit d'intérêts pécuniaires et elle ne
lui permettrait pas de l'invoquer quand il s'agit du plus
grand de tous les intérêts, de la nationalité » (Laurent,

Droit civil, t. 1, n° 327, Droit international, t. III, n° 106, Richelot, Principes de Droit civil français, t. I, n° 65, note 16).

3° Dans une troisième opinion qui domine en doctrine et en jurisprudence, on décide qu'il suffit que les parents aient eu la qualité de français, soit à l'époque de la conception, soit à l'époque de la naissance, pour que l'enfant soit français.

Pour Mrs Aubry et Rau, cela ressort de l'adage « *Infans conceptus* » et ils décident que si les parents étaient français au moment de la conception, l'enfant le sera aussi et le changement de nationalité intervenu entre la conception et la naissance sera sans influence sur la nationalité déjà acquise de l'enfant. Au contraire si les parents étaient étrangers au moment de la conception et français au moment de la naissance, l'enfant sera encore francais puisque on ne peut rétorquer contre lui la maxime « *Infans conceptus* » dont l'application est toujours subordonnée à la condition « *si de comodis ipsius agitur* » (Aubry et Rau, t. I, § 69, p. 231, note 3, 4e édition). Voir dans le même sens : (Baudry-Lacautinerie n° 1322, p. 864, t. III, édition de 1898, Despagnet n° 169, p. 184, 2e édition, Albéric Rolin n° 378, p. 595).

4° Enfin dans une dernière opinion on donne à l'enfant la nationalité du père ou de la mère au moment de la naissance, et cela sans distinction entre le père et la mère.

C'est le système que nous croyons le meilleur car il est plus respectueux du texte et plus pratique. En effet nul texte du C. Nap. ne reproduit l'adage dans ses termes généraux, bien au contraire, il n'y a que deux articles seulement dans lesquels il se retrouve implicitement, les articles 725 et 906, et en matière de nationalité le code civil, emploie toujours le terme *né* (art. 8 et 9) ; et la maxime ainsi restreinte peut parfaitement s'expliquer par la volonté du législateur de maintenir l'égalité dans les familles.

Ce système est en outre plus pratique, car il prévient les difficultés auxquelles la détermination de la conception peut donner lieu, l'article 312, C. c. ne s'appliquant pas.

Du reste ceux qui admettent l'application de la maxime ne sont pas d'accord entre eux, Laurent donne à l'enfant le droit de choisir, sans aucun délai fatal, ce qu'est inadmissible. L'opinion générale impose à l'enfant, la qualité de français parce que celle-ci est tellement avantageuse que l'enfant est censé l'avoir choisi, mais cette opinion est tout à fait arbitraire car rien ne prouve que l'enfant ait un intérêt quelconque à être plutôt français que belge, ni même que le législateur français ait de l'intérêt à considérer comme français, l'enfant conçu de parents français, mais né et élevé à l'étranger. (*Weiss*, p. 57 et 58 et 71 et les autorités qu'il cite, p. 59, note 1er, t. I. Traité théorique et pratique).

Mais si l'enfant est posthume à quel moment faut-il se placer pour fixer sa nationalité ? Cette hypothèse ne présente l'intérêt que lorsqu'il s'agit du père et pour qu'elle puisse se réaliser il faut supposer qu'un individu a reconnu son enfant, avant la naissance de celui-ci, (chose qu'il peut faire d'après l'opinion générale), puis a changé de nationalité, et enfin est venu à mourir avant la naissance de cet enfant.

Nous avons dit qu'on ne peut pas se reporter au moment de la reconnaissance, ni à celui de la conception, comment déterminer alors la nationalité de l'enfant, puisqu'au moment de la naissance il n'a pas de père ?

Dans l'opinion que nous avons suivi on ne peut se placer qu'au moment de la mort du père et attribuer à l'enfant naturel la nationalité du père à ce moment, (dans ce sens : *Cogordan*, p. 36. « La nationalité au point de vue des rapports internationaux » 2e éd. 1890).

M. Weiss, en parlant de l'enfant légitime postume lui donne la nationalité de la mère, (p. 59), mais il est impossible d'accepter la même opinion quant à l'enfant naturel posthume, car il est possible que la mère ne reconnaisse pas et alors on devrait décider que l'enfant ainsi reconnu par son père seul, sera français, *jure soli*, (art. 8, nº 2), ce qui est inadmissible.

Nationalité acquise jure soli. — L'article 8, nº 2 dit : « Tout individu né en France de parents inconnus ou dont la nationalité est inconnue est français. » — Ce qui comprend l'enfant naturel qui n'a pas été reconnu, l'enfant adulterin et incestueux dont la reconnaissance est interdite et les enfants légitimes et naturels dont les parents n'ont pas de patrie (*heimatlos*).

Cette disposition a été ajoutée par la loi du 26 juin 1889. Avant cette loi la question était discutée :

a) Dans une première opinion on disait que l'enfant né de père et de mère inconnus n'était pas français — il l'était dans l'ancien droit et le droit intermédiaire, car la nationalité était déterminée par le lieu de la naissance, mais le Code civil partant du principe que la nationalité dépend de l'origine, l'enfant n'est français que s'il est né de parents français. Or, l'enfant non reconnu n'a pas de parents donc il n'a pas de nationalité, il peut seulement bénéficier de l'article 9 du Code civil.

Q ant au décret du 4 juin 1793, qui déclare les enfants trouvés « enfants naturels de la patrie » étant antérieur au Code Civil, il n'a aucune valeur. Il reste le décret du 19 janvier 1811 qui s'explique par la puissance de la tradition. (Laurent, tome III, p. 189 ; Richelot, t. I, p. 112 ; Brocher, t. I, p. 213).

b) Mais dans l'opinion générale l'enfant était français, car le territoire étant habité par des français il est probable que l'enfant est né de parents français.

Quant aux enfants nés d'individus sans patrie, Proudhon et Valette les considéraient comme français, l'opinion générale au contraire les considéraient comme étant eux-mêmes sans patrie aussi.

Nous avons dit que dans le numéro 2 de l'article 8 Code Civil, il fallait comprendre les enfants adultérins et incestueux dont la reconnaissance est prohibée (art. 335 et 342).

Sans nous occuper pour le moment des conflits auxquels cette disposition peut donner naissance, il faut dire qu'il y a des cas admis par tout le monde où la filiation adultérine et incestueuse se trouve légalement constatée et dans lesquels la nationalité de ces enfants est régie par les mêmes principes que celle des enfants naturels simples.

a) L'enfant a été désavoué par le mari de la mère, l'enfant suivra la nationalité de cette dernière.

b) Un mariage contracté de mauvaise foi par les deux époux, a été annulé pour cause de parenté, d'alliance ou de bigamie, la filiation adultérine ou incestueuse résultera, dans ce cas, de l'acte de naissance combiné avec l'acte de mariage ; les enfants auront la nationalité du père.

c) Un jugement passé en force de chose jugée et qui a

admis la recherche de la filiation adultérine ou incestueuse.

Quant aux autres cas de nationalité *jus soli,* nous n'avons rien à dire qui soit spécial à la filiation naturelle. Faisons cependant une observation : L'enfant naturel né en France et reconnu par ses parents dont l'un y est lui-même né, est français sauf son droit de décliner la nationalité française dans l'année qui suivra sa majorité, mais il ne pourra la décliner, dit la loi du 22 juillet 1893, que lorsque le parent qui est né en France n'est pas celui dont il devrait suivre la nationalité, aux termes du nᵒ 1ᵉʳ paragraphe 2, article 8 C. civ. D'où il résulte que si l'enfant est reconnu en même temps par son père et par sa mère, l'enfant ne peut décliner la nationalité française que si c'est la mère seulement qui est née en France ; et il en sera de même si l'enfant est reconnu d'abord par le père et ensuite par la mère.

Au contraire, si l'enfant, né en France, est reconnu d'abord par la mère et ensuite par le père, il ne peut décliner la nationalité française que si c'est le père seulement qui est né en France (article 8, nᵒ 3, C. civ.).

Législation comparée. — Les législations étrangères qui admettent la reconnaissance tant de la part du père que de la part de la mère doivent admettre les mêmes principes que le c. c. français avant la loi de 1889. C'est-à-dire que si l'enfant n'est reconnu que par l'un de ses auteurs, il suit la nationalité de celui-ci ; s'il est reconnu par tous les deux, on doit donner la préférence au père, quel que soit l'ordre dans lequel les reconnaissances interviennent et sans tenir compte de la minorité ou la majorité de l'enfant. Cela bien entendu si la loi n'a pas décidé autrement.

Ce système doit être celui du c. c. belge. Mais M. Albéric Rolin dit qu'il suffit que l'un des parents soit belge pour que l'enfant le soit aussi et il fait ressortir son opinion de l'article 10 c. belge. (V. Albéric Rolin, n° 373, p. 590, t. I.)

Le code belge décide depuis la loi du 15 août 1881 que l'enfant né de parents inconnus en Belgique est Belge, *jure soli*.

Ce système est encore celui des codes : Italien, Espagnol, Portugais, de l'ile de Malte, de Bulgarie, de la Grèce, Costa-Rica.

En Bulgarie, la loi de 1883, 26 février déclare bulgare l'enfant naturel reconnu par le père ou la mère de nationalité bulgare et les enfrnts nés de parents inconnus en Bulgarie.

En Costa-Rica, la loi de 1866, déclare citoyen : 1) l'enfant né d'une mère citoyenne de Costa-Rica quelque soit le lieu où il est né, 2) l'enfant illégitime d'une étrangère mais reconnu par un citoyen de Costa-Rica, 3) l'enfant né sur le territoire de la république de parents inconnus. On voit que cette loi admet le même système que M. Albéric Rolin, en Belgique. Ce même système est adopté en Grèce.

2° Les législations allemandes — dans lesquelles la reconnaissance du père, telle qu'elle est comprise par le C. Nap., est inconnue et où l'enfant naturel suit toujours la condition de la mère — l'enfant suit toujours la nationalité de celle-ci. Qu'il soit né en Allemagne ou à l'étranger, qu'il soit ou non reconnu par le père étranger. Les codes civils : Allemand, Autrichien, Hongrois, des Provinces Baltiques, Norvégien, Suédois, Suisse (cantons de Zurich, des Grisons), Roumain, toutes ces législations admettent que les enfants nés de père et mère inconnus acquièrent *jure soli* la nationalité du lieu de la naissance.

3° Les Etats de l'Amérique du Sud qui admettent que la nationalité s'acquiert *jure soli* par le fait de la naissance sans distinguer entre enfants légitimes et naturels.

4° Enfin les législations comme le Swod en Russie, le droit anglais, le c. c. romain, en ce qui concerne le père, qui n'admettent pas la reconnaissance, dans ces législations les enfants nés en dehors du mariage sont censés être nés de père et mère inconnus et acquièrent *jure soli* la nationalité du lieu de leur naissance.

CONFLITS. — L'article 8 n° 2 du code civil français dit que les enfants nés de père et mère inconnus sont français *jure soli*, et ce principe est universellement admis. Il semblerait donc qu'ici tout conflit est impossible, mais c'est juste le contraire qui est vrai.

On se rappelle que par père et mère inconnus on entend non seulement les parents de l'enfant naturel qui n'ont pas voulu le reconnaître, mais encore ceux de l'enfant incestueux ou adultérin dont la reconnaissance n'est pas permise, et il faut ajouter les parents qui n'ont pas reconnu l'enfant dans les formes légales.

1° Supposons un français reconnaissant son enfant naturel en Italie, par acte sous-seing privé comme le code civil italien le permet. D'après le C. Nap, cet enfant sera italien car la reconnaissance sous-seing privée étant inexistante, l'enfant est censé né en italie de parents inconnus. D'après le code italien cet enfant sera au contraire français, car ce code se contente d'une reconnaissance privée,

Même conflit si une femme française donne le jour en Allemagne à un enfant naturel et ne le reconnaît pas. d'après la loi allemande cet enfant est français car cette loi n'exige pas une reconnaissance pour prouver la filiation naturelle, au contraire d'après le code civil français article 334 l'enfant est allemand comme né en Allemagne de père et mère inconnus.

Je me hâte de dire que ces conflits bizarres ne sont possibles que dans une opinion que nous ne suivons pas et qui n'applique pas la règle « *Locus regit actum* » aux actes solennels.

2° Un Italien reconnaît en France son enfant naturel par acte sous-seing privé — l'enfant sera italien pour ce code, car il admet la reconnaissance par acte sous-seing privé — au contraire il sera français pour le Code Napoléon, car celui-ci exige une reconnaissance par acte authentique et l'enfant est considéré comme né en France de père et mère inconnus.

Il en serait de même de l'enfant d'une femme allemande, qui a été simplement indiquée dans l'acte de naissance, le C. C. allemand se contentant de l'acte de naissance comme preuve de la filiation naturelle.

Mais il faut encore ajouter que ces conflits ne sont possibles que dans l'opinion qui considère la règle « *Locus regit actum* » comme obligatoire.

3° Une femme roumaine reconnaît en France par acte sous-seing privé son enfant adultérin ou incestueux, reconnaissance admise par le C. C. Roumain. l'enfant est roumain pour ce dernier code, mais il est français pour le C. Nap., car la reconnaissance des enfants incestueux et adultérins étant interdite, l'enfant est considéré comme né en France de père et mère inconnus.

Il en sera de même dans le cas d'une reconnaissance authentique, en admettant que l'officier public consente à la recevoir.

4° L'enfant incestueux ou adultérin, d'une femme allemande, reconnu seulement par le père, mais de laquelle reconnaissance il résulte que l'enfant est incestueux ou adultérin; pour le C. Nap. cet enfant est français par application de l'article 8, n° 3, car la reconnaissance du père est inexistante (art. 335) et rend impossible celle de la mère. Au contraire, pour la loi allemande, l'enfant est allemand, parce que cette législation ne fait aucune distinction entre les enfants adultérins ou incestueux et les enfants naturels simples et parce que n'exigeant pas aucune forme pour prouver la filiation naturelle, celle-ci peut être prouvée par tout moyen.

5° Prenons les enfants naturels légalement reconnus : dans cette matière les conflits seront très fréquents étant données les dispositions pratiques mais arbitraires de la loi du 26 juin 1889.

a) Un enfant reconnu dans le même acte par son père français et par sa mère belge — d'après la loi du 26 juin 1889, l'enfant est français — d'après le C. belge interprété par M. Albéric Rolin, l'enfant sera belge, car il suffit que l'un des auteurs soit belge — d'après ce même code interprété par Laurent, l'enfant pourra choisir.

Même conflit si la reconnaissance du père français est antérieure à celle de la mère belge.

b) L'enfant naturel né en France d'un Italien et reconnu

par son père après 21 ans — d'après la loi de 1889, l'enfant est français — d'après le C. Civil Italien, l'enfant suit la nationalité de son père — car ce dernier code n'a pas admis les principes arbitraires de la loi de 1889.

c) L'enfant naturel d'une femme allemande et d'un père français — le père reconnaît l'enfant le premier ou en même temps que la mère ou bien il est seul a le reconnaître, — d'après la loi de 1889, l'enfant est français, — d'après le C. C. Allemand, l'enfant naturel suivant toujours et sans aucune distinction la condition de la mère, il sera considéré comme allemand qu'il soit né en France ou en Allemagne.

6° Des conflits sont encore inévitables entre les législations qui admettent le système du *jus sanguinis* et des législations qui admettent le système du *jus soli*, mais ces conflits ne présentent rien de particulier dans notre matière.

Comme nous n'avons pas la prétention d'indiquer tous les conflits possibles en matière de nationalité et concernant les enfants naturels, nous croyons que ceux que nous venons d'indiquer suffisent.

CHAPITRE II

Condition des étrangers.

———

Avant d'étudier les conflits relatifs à la filiation natu-relle, il est évident qu'il faut d'abord se demander si la filiation naturelle des étrangers peut être constatée en France et si ses effets seront considérés comme valables. Ce qui nous amène à parler de la condition des étrangers au point de vue du droit privé.

Il est vrai que nous pourrions nous en dispenser, car dans tous les systèmes on admet l'étranger à reconnaître son enfant naturel en France, les seules questions contro-versées étant l'adoption, l'hypothèque légale des incapa-bles, l'usufruit légal des père et mère et peut-être la tutelle. Mais comme la question est discutée et que de grands jurisconsultes ne sont pas d'accord, nous croyons utile d'en dire quelques mots.

C'est l'article 11 du C. C. qui a donné naissance à ces difficultés et voilà ce qu'il dit : « L'étranger jouira en France des mêmes droits civils que ceux qui sont ou seront accordés aux Français par les traités de la nation à laquelle cet étranger appartiendra », et la question se pose de savoir si en l'absence de tout traité l'étranger aura quelques droits en France ?

1° Dans un premier système, qui est celui de Demolombe, on pose en principe que l'étranger n'a aucun droit, mais on admet tant d'exceptions qu'elles absorbent la règle : il y a d'abord les traités et ensuite les exceptions résultant explicitement et surtout implicitement des lois, voir notamment les articles 12, 19, 14, 15, 3 § 2. etc., les décrets de 16 janvier 1808, 1810, etc., etc. (Demolombe, t. I, p. 367 et ss.).

Ce système qui après avoir posé un grand principe admet tant d'exceptions qu'elles le réduisent à néant, est critiqué par tout le monde.

2° Dans un second système, qui est celui de la jurisprudence et de la majorité des auteurs, on distingue entre les droits civils (*jus civile*) et le droit naturel (*jus gentium*).

« Remarquons, toutefois, que notre législateur en posant cette règle générale qui, pour le dire en passant, n'est pas conçue en termes restrictifs, n'a jamais entendu refuser, en principe, aux étrangers, comme aux membres de la grande famille humaine, le bénéfice des droits naturels » Demante. t. I, n° 43, p. 86, 3e éd., même sens, Aubry et Rau, t. I, p. 293, Brocher, t. I, p. 164. Fiore, note de M. Pradier-Fodéré, p. 65 ; Albéric Rolin, n° 16, p. 150, t. I.

La conclusion est dans cette opinion, que presque tous les droits sont accordés aux étrangers, mais on laisse une large part à l'arbitraire en ne déterminant pas d'avance quels sont les droits refusés aux étrangers. Cette question sera déterminée par les tribunaux.

C'est la part du progrès, dit M. Colmet de Santerre, t. Ier n° 43 *bis* A, qui pour soutenir ce système donne une nouvelle raison : la comparaison des deux autres opinions, celle de Demolombe et celle que nous allons étudier, lesquelles, ne s'appuient sur aucun texte.

» Car il ne serait pas possible de poser deux régles aussi contraires, s'il existait un texte qui envisageat les droits pris chacun individuellement » (n° 43 *bis*, A., p. 93, t. I, 3ᵉ éd.) ;

3° Dans un troisième système, l'étranger jouit de tous les droits privés qui appartiennent aux français, sauf ceux qu'un texte formel leur a enlevés et pour lesquels un traité est nécessaire, par exemple les articles 14, 16, 726, 912 (Demangeat, p. 251, Valette. Explic. sommaire, p. 408 à 4 6 ; Chavegrin. Revue critique, 1883, p. 521, Despagnet. n° 56, p. 74). On peut citer encore comme partisan de ce système M. de Vareilles-Sommières, qui dit : « En résumé, l'article 11 peut être ainsi paraphrasé : Les étrangers auront toujours chez nous tous les droits civils qui auront été accordés par traités aux Français chez eux. En l'absence de traités, ils ne jouissent pas de certains droits dont jouissent les Français, la suite du Code révèlera quels sont ces droits » (n° 558, p. 336) ; et il ajoute, p. 338, n° 560 *in fine* : « Notre manière d'interpréter l'article 11 est, en somme, avec, ce nous semble, un peu plus de précision, celle de Demangeat et de Valette ».

4° Enfin le quatrième système, est celui de M. Weiss, qui combine les deux derniers que nous venons d'étudier. Il admet avec le troisième système que l'étranger peut « invoquer en France les droits privés qui ne lui ont pas été expressément retirés par la loi », mais il admet les prémisses du second système, savoir, la distinction entre le droit civil et le droit des gens, moins toutefois l'arbitraire car il définit les droits civils.

« Qu'est-ce qu'un droit civil, dans l'acception romaine de ces mots, qui semble avoir été celle du législateur de 1804, si ce n'est une faculté reconnue aux seuls nationaux, aux *cives*. Et si l'on réfléchit qu'aujourd'hui les jurisconsultes et les magistrats n'ont plus, comme dans l'ancienne Rome, le droit de faire la loi, il paraît évident que les droits *civils* sont tous ceux dont la loi n'a attribué la jouissance qu'aux nationaux, ou, traversant la proposition, ceux qu'elle a refusé aux étrangers » (p. 191, t. II, Traité théorique et pratique).

« Les autres sont, au regard de la loi, des droits naturels, des dépendances du droit des gens ».

Quant à l'objection consistant à dire que si la capacité de l'étranger est la règle, à quoi servent les dispositions postérieures au Code civil, leur reconnaissant une capacité sur des matières spéciales. M. Weiss, p. 112, répond :

« Nous répondons que le législateur a craint que son silence à leur égard, en des matières nouvelles, ayant souvent échappé jusque-là à toute règlementation, ne passât pour une exclusion tacite et que c'est pour éviter les difficultés et les abus possibles d'interprétation, qu'il a jugé utile de leur consacrer une disposition formelle. »

M. Weiss considère comme droits *civils* :

1° Le droit d'invoquer la règle « *actor sequitur forum rei* »

2° Le droit pour le demandeur d'assigner devant son propre domicile, le défendeur étranger.

3° Le droit de plaider sans fournir la caution « *judicatum solvi* ».

4° Le droit, pour le demandeur, d'exiger du défendeur étranger, la caution « *judicatum solvi* ».

5° Le prélèvement de l'art. 2 de la loi de 1819.

6° Le droit, pour le débiteur, de se soustraire, à la contrainte par corps, en opérant la *cession de biens*.

7° Le droit de participer aux affouages.

Nous tirons la seule conclusion qui nous intéresse, savoir que la filiation naturelle d'un étranger peut être légalement constatée en France et qu'elle y produira tous ses effets.

En Europe, un groupe de législations reconnaissent à l'étranger les mêmes droits qu'aux nationaux, sauf de rares exceptions. (Portugal, Espagne, Italie, Pays-Bas, Danemark, Russie, Roumanie.)

Un second groupe exige une réciprocité de fait ou législative. (Allemagne, Autriche, Monaco, Serbie, Suède-Norvège, Confédération Suisse).

Enfin un troisième groupe demande une réciprocité diplomatique. (Belgique, Grèce, Luxembourg).

En Angleterre, l'étranger jouit de la plupart des droits de famille depuis les lois de 1844 et 1870, dans les Etats-Unis d'Amérique, M. Weiss dit qu'on peut trouver 4 groupes :

1° Le premier groupe a maintenu les incapacités résultant de la *common-law*.

2° Le second reconnaît aux étrangers une entière capacité.

3° Le troisième exige, comme condition, de capacité, la résidence.

4° Le quatrième demande comme condition, la naturalisation.

L'Amérique du Sud assimile, en principe, l'étranger aux nationaux.

(Voir sur toutes ces questions le tome II du Traité théorique et pratique de M. Weiss.)

CHAPITRE III

La reconnaissance. — Conditions de forme.

———

DROIT FRANÇAIS. — On peut définir la reconnaissance :
un aveu qui a pour but de constater l'état et la filiation de
l'enfant naturel.

La reconnaissance volontaire joue, dans la filiation naturelle, le rôle de l'acte de naissance dans la filiation légitime,
c'est dire que la reconnaissance est la preuve régulière,
normale, de la filiation naturelle. Nous allons nous occuper
d'abord des conditions de formes :

L'art. 334 dispose : « La reconnaissance d'un enfant naturel
sera faite par un acte authentique, lorsqu'elle ne l'aura pas
été dans son acte de naissance » et on dit, pour justifier
cette disposition, que le législateur a eu pour but d'assurer
la liberté et la sincérité de la reconnaissance. Mais, si telle
a été l'intention du législateur, il aurait dû distinguer entre
le père et la mère, — car on ne voit pas comment une femme
aurait des doutes sur sa maternité — et, d'autre part, l'authen-
ticité de la reconnaissance, tout en la rendant plus rare, est
impuissante à prévenir les fraudes. Ce n'est ni l'officier de
l'état civil, ni le notaire, ni les témoins qui peuvent empêcher un individu passionné ou malhonnête de reconnaitre
un enfant qui ne lui appartient pas, en revanche, l'acte

authentique a le grand avantage d'assurer l'irrévocabilité
et la conservation de la reconnaissance.

Régulièrement, la reconnaissance ne peut être reçue que
par les officiers de l'état civil et par les notaires :

a) La reconnaissance peut être reçue par l'officier de
l'état civil soit seule, soit en même temps que la déclaration de naissance, soit dans l'acte de mariage, en cas de
légitimation (art. 331). Quand la reconnaissance est reçue
seule, elle peut l'être par tout officier de l'état civil, en France,
sans qu'il soit nécessaire que les parties aient leur domicile
dans la commune.

b) La reconnaissance peut être encore reçue par les notaires, leur compétence étant générale (art. I, loi du 25
ventôse, an XI). Cette reconnaissance a l'avantage d'être
tenue secrète, c'est dire que l'art. 62 C. civ., qui dispose que
la reconnaissance sera mentionnée en marge de l'acte de
naissance, ne s'applique pas ici (opinion générale, sauf
Marcadé).

S'il fallait un acte exprès pour la validité de la reconnaissance, il n'y aurait que les officiers de l'état-civil et les
notaires seuls qui seraient compétents pour la recevoir;
mais tout le monde est d'avis que la reconnaissance peut être
contenue même dans un acte authentique ayant un autre
objet, comme le testament par *acte public*, *l'acte de mariage* des père et mère, *l'acte de mariage* de l'enfant. Tout
le monde admet encore que la reconnaissance peut être
reçu par le juge de paix, assisté de son greffier, et siégeant
comme *conciliateur* ou lorsqu'il préside un *conseil de famille* ; qu'elle peut résulter d'un *interrogatoire* ou d'une
enquête, ou se produire pendant le **cours** d'une instance

quand le tribunal a donné acte. (V. Demante, n° 62 bis, II ;
Demolombe, n° 399 ; Aubry et Rau), en sens contraire, Laurent, p. 77). La jurisprudence et quelques auteurs vont plus
loin et décident que le juge de paix assisté de son greffier peut
toujours recevoir une reconnaissance d'enfant naturel.

Duranton et *Loiseau* admettent que la reconnaissance
peut être valablement contenue dans un testament même
mystique. *Merlin* et *Toullier* vont jusqu'à valider la reconnaissance contenue dans un testament olographe ou dans
un simple acte sous-seing privé déposé chez le notaire. De
toutes ces controverses, il résulte, pour nous, qu'un acte
authentique n'est nullement nécessaire et que le législateur
aurait pu se contenter d'une reconnaissance privée, comme
l'ont fait un très grand nombre de législations étrangères.

LÉGISLATION COMPARÉE. — Il y a d'abord le *Swod* en
Russie qui ne prévoit pas du tout la question — car il fait
abstraction de toute la filiation naturelle — peut-être bien
parce qu'elle n'existe pas dans ce pays. M. Lehr dit que
dans les classes autres que la noblesse, la mère peut reconnaître son enfant, mais il ne parle pas des formes. Il y
a ensuite la Roumanie qui mérite une place à part en ce qui
concerne les enfants naturels, quoique la question soit discutée. La grande majorité des auteurs décident que le père
ne peut pas reconnaître son enfant naturel, mais le C.
Roumain permet la recherche de la paternité dans le cas
exceptionnel de l'art. 340 C. C. Fr. Cette déclaration de
paternité reste d'ailleurs sans effets, car le Code Roumain
ne reconnaît même pas de droit alimentaire en faveur des
enfants naturels. Ces dispositions sont tellement bizarres

que nous renonçons à les comprendre. Quant à la mère tout le monde admet qu'elle peut reconnaître son enfant naturel, mais le Code étant muet sur la question des formes, les uns pensent que l'enfant pourra être reconnu aussi bien par acte authentique, que par acte sous-seing privé, lettre missive, etc. (M. Take Jonesco. Thèse de Doctorat, Paris, 1881). les autres, au contraire, disent que la reconnaissance ne pourra être reçue que par l'officier de l'état-civil. (M. Alexandresco, p. 11).

Les autres législations, en Europe, se divisent en deux catégories : d'une part celles qui ont copié ou se sont inspirées du C. Nap. et d'autre part les législations allemandes.

a) Parmi les premières il y a d'abord le C. c. *Belge* dont nous n'avons rien à dire, ce code n'étant. dans cette matière, que la reproduction du C. Nap. et n'ayant pas été modifié.

Le Code civil *Italien* se rapproche du Code civil Français; car l'art. 181 dit : « La reconnaissance d'un enfant naturel se fera dans l'acte de naissance ou au moyen d'un acte authentique antérieur ou postérieur à la naissance » Mais il faut remarquer que l'acte authentique dans la terminologie italienne n'est pas le même que l'acte authentique français auquel correspond en Italie *l'acte public* (art. 1315 C. c. It.). L'acte authenthique dont parle le C. c. Italien, c'est tout acte émané de son auteur et revêtu des formes exigées pour sa validité, par exemple, un testament olographe ou mystique (v. Journal 1877 p. 89) et (le Code civil Italien trad. Henry Prud'homme). Le Code civil *Espagnol* (24 juillet 1889) dit : « La reconnaissance de l'enfant naturel se fera dans l'acte de naissance, dans un *testament* ou dans un autre *document public* » (art. 131), il faut remarquer que ce code admet, non seulement, les testaments olographe, authentique et mystique comme le C. c. It., mais encore le *testament verbal*, spécial aux militaires ou fait pendant un voyage sur mer (art. 720 et 731). Des termes généraux de l'art. 131 il résulte qu'un pareil testament pourra contenir une reconnaissance d'enfant naturel, c'est-à-dire que, dans ce cas, la reconnaissance sera verbale. Le C. c. Espagnol parle encore de la reconnaissance résultant d'un écrit privé et de la possession d'état, mais ce n'est pas là une reconnaissance dans le sens de l'art. 334 C. c. It. c'est plutôt une recherche de la paternité et nous en parlerons à propos de l'art. 340. (V. Code civil Espagnol trad. A. Levé).

Le Code Civil *Portugais*, admet les mêmes formes que le Code civil Espagnol, en matière de reconnaissance. (Art. 123, Code civil Portugais trad. Lepelletier, Ed. 1894).

Ces mêmes principes sont admis par le Code Civil *de Malte* (L. Clément Billiet) par la loi *Polonaise* du 23 juin 1825 (Ernest Lehr Eléments de Code Civil Russe, Ed. 1877) et par les Codes *Hollandais, Mexicain, Chilien*.

Législations Allemandes. — La reconnaissance d'enfant naturel, telle qu'elle est comprise par le C. C. fr. est un acte inconnu dans les législations allemandes. Vis-à-vis de la mère, l'enfant naturel est assimilé à l'enfant légitime. D'un autre côté, le C. C. allemand, ne parlant pas des preuves de la filiation légitime pas plus que de celles de la filiation naturelle, je conclus que l'enfant naturel prouvera sa filiation par tout moyen, aussi bien par acte de *naissance que par possession d'état* ou par *reconnaissance privée*. Quant au père, la filiation naturelle peut être prouvée facilement en justice, si facilement, qu'il est évident qu'elle pourra être établie, même par acte sous seing privé. Le C. C. Allemand ne parle que de la reconnaissance contenue dans un acte public, mais à propos d'une question spéciale, et certainement cela ne signifie pas que le père ne pourra pas reconnaître par acte privé. Voilà ce que dit l'art. 1718 : « Celui qui, dans un *document public,* reconnaît sa paternité, après la naissance de l'enfant, ne peut exciper de ce qu'un autre a cohabité avec la mère à l'époque de la conception (Code civil allemand, trad. Meulenaere). » Tout ce qui résulte de cet article, c'est que le père pourra contester la reconnaissance contenue dans un acte privé.

Les mêmes principes sont admis par les Codes : Autrichien, Hongrois, du canton des Grisons, du canton de Zürich, la législation des provinces Baltiques, etc.

En Angleterre, l'enfant naturel est considéré comme *filius nulius,* mais la paternité ou maternité naturelle produit toujours des effets limités. Comme la loi ne parle pas des formes de la reconnaissance et comme la recherche de la paternité est facilement admise, j'en conclus que la reconnaissance volontaire n'est soumise à aucune condition de forme (Ernest Lehr. Eléments de droit civil anglais, Ed. 1885).

On voit donc que la reconnaissance est comprise de deux manières différentes et complètement opposées, les législations qui se rattachent au Code civil français et qui la considèrent comme un acte solennel, et les législations allemandes qui la considèrent comme un acte juridique ordinaire et ne la soumettent à aucune condition de forme.

CONFLITS. — Un français reconnaît son enfant naturel en

Allemagne, ou une femme allemande reconnaît son enfant en France, quelle est la loi qui déterminera les formes de ces deux reconnaissances ? Est-ce le C. c. fr. ou le C. c. allemand ? C'est la règle « *locus regit actum* » qui répond à la question, et, comme cette règle est admise par tous les auteurs, sans distinction d'école et par toutes les législations, nous allons l'étudier avec quelques détails.

Cette règle qui est la plus sage du droit International Privé est aussi l'une des plus anciennes. Car elle apparaît, pour la première fois, dans les écrits des post-glossateurs à propos d'une question spéciale, celle du testament authentique.

La question présentait deux faces : a) la *lex loci actus* était-elle applicable à l'étranger ? C'est-à-dire l'acte fait conformément à la loi locale par un étranger était-il valable aux yeux de la justice locale. b) Cet acte conforme à la *lex loci actus* devait-il produire des effets, même en pays étranger, aussi bien au domicile de l'auteur de l'acte, qu'au lieu de la situation de l'immeuble ?

Nous n'avons rien de mieux à faire qu'à citer M Lainé :

« Si multiple qu'il soit, le problème fut aperçu dès le XIIIe siècle, sous tous ses aspects. Il ne fut pas immédiatement, ni même promptement résolu, comme on est enclin, de nos jours à le croire. Il fut débattu en Italie, durant une centaine d'années, en France jusqu'à la fin du XVe siècle. Mais dans la doctrine italienne, en somme, l'opinion libérale, celle qui répond d'une façon satisfaisante aux intérêts en cause, obtint d'assez bonne heure la majorité des suffrages et finit par prévaloir. Avec la doctrine française, la lutte recommença et les résultats acquis furent tout d'abord perdus ; puis le bon sens, le sentiment de la justice ou de l'utilité ramenèrent bientôt à la solution que dicte la nature des choses ; les principes y faisant obstacle, on s'ingénia pour les écarter sans les violer. On agit de même, sous la pression de la même nécessité dans la doctrine hollandaise. On admit, d'ailleurs pour certains cas des exceptions très naturelles. » (Lainé pg. 334, t. ll).

Toute l'histoire de la règle « *locus régit actum* » est contenue dans ces lignes et nous n'ajouterons que quelques mots :

Cette règle fut définitivement admise dès le XIVᵉ siècle, tant en Italie qu'en France ; mais, tandıs qu'en Italie, cette solution fut définitive, en France, après avoir été admise par Cugneaux et Jean Fabre, elle eut à lutter contre le principe absolu de la territorialité des coutumes, fut délaissée pendant deux siècles et on ne la voit définitivemet adoptée que par Dumoulin et, à sa suite, par tous les auteurs qui se sont occupés de la matière, à l'exception de d'Argentré ; elle fut consacrée par la jurisprudence au XVIᵉ siècle.

Cette règle pénétra aussi en Allemagne, puis dans les Pays-Bas, où elle fut rejetée, comme elle l'avait été en France, par Burgundus et par d'autres jurisconsultes du commencement du XVIIᵉ siècle. mais où elle finit aussi par prévaloir.

Il est vrai que les anciens auteurs ne parlent que du testament, mais, dit M. Lainé « il est permis de croire que bientôt la règle fut considérée comme générale » c'est-à-dire applicable à tous les actes publics et privés.

Mais la doctrine française, partageant toutes les lois en **réelles** et personnelles, les uns classèrent cette règle dans le statut réel (Boullenois), d'autres dans le statut personnel

(Bouhier), Froland et Pothier eux, la laissèrent en dehors de cette division.

Aujourd'hui la régle est admise par tout le monde, mais on n'est d'accord ni sur le fondement de cette règle, ni sur son caractère, ni sur son champ d'application.

Quel est le fondement de la règle « locus regit actum » ? — Les fondateurs de la règle la motivèrent, d'abord, par des textes du droit romain qui ne prévoyaient pas du tout la question « mais, dit M. Lainé, de bonne heure on s'efforça d'y joindre des considérations tirées de la raison de l'équité, de l'utilité commune ».

Et, dans l'opinion que nous suivrons, c'est encore l'utilité pratique que l'on invoque, aujourd hui, pour justifier cette règle. Voici comment s'explique M. Weiss, pag. 104 t. III, à ce sujet :

« D'autre part, la règle, *locus regit actum*, est d'une utilité, nous pouvons même dire, d'une nécessité pratique incontestable. Il est souvent impossible de s'en tenir, en faisant un acte sur un territoire donné, aux conditions de formes établies par la loi nationale des parties. Parfois les autorités locales refuseront le concours réclamé par cette dernière ; parfois même, il n'existera, au lieu où l'acte doit être passé, aucun officier public ayant des attributions analogues à celles de l'officier institué par la législation de l'étranger. Et, dans un cas comme dans l'autre, l'obligation imposée à la personne d'observer, quel que soit le lieu de sa résidence, les conditions de formes établies, dans son pays, pour les actes juridiques, équivaudrait à une interdiction absolue. L'intérêt général des Etats, basé sur le développement du commerce international, proteste, aussi bien que celui des particuliers, contre un régime aussi tyrannique ».

Il est vrai, qu'à cette raison pratique, M. Weiss, en ajoute une autre théorique, mais qui évidemment n'a pas la même valeur et qu'on peut formuler ainsi : la forme extérieure des actes est une mesure de protection qui varie, suivant les pays et le caractère des habitants. Donc, c'est la loi territoriale seule qui a qualité pour déterminer les formes dont tel acte sera entouré, et si l'acte a été fait dans les formes exigées par la loi locale « la sincérité de l'acte est probable, et on comprend qu'à ce titre il puisse être invoqué partout » (V. Weiss, p. 103 et les auteurs qu'il cite). M. Despagnet n° 328 p. 348 se contente de la raison pratique, la nécessité.

On a donné d'autres raisons encore pour expliquer la règle « *locus regit actum* », ainsi M. de Bar, cité par MM. Weiss et Albéric Rolin, lui donne pour base le consentement unanime et traditionnel des nations. M. Buzzati, cité par les mêmes auteurs, l'explique au moins partiellement, par l'ordre public international. On a expliqué encore cette règle par le principe de la soumission volontaire de l'étranger à la souveraineté locale (Hert, Burgundus, Voet, cités par M. Weiss).

Enfin, pour en finir voici ce que dit M. Pillet, Journal 1891, p. 28 : « La règle « *locus regit actum* » n'est déduite d'aucune théorie scientifique, c'est une exception suggérée par la pratique, adoptée par le droit positif et que de grandes raisons d'utilité n'ont cessé de recommander. »

L'opinion générale applique la règle *locus regit actum*, aussi bien aux actes authentiques qu'aux actes sous seing privé, et, dans l'opinion que nous suivons et qui explique la règle, par l'utilité pratique, la question ne souffre aucun doute, car, imposer la loi nationale à l'étranger, cela reviendrait à interdire la confection de l'acte, étant donné que l'individu peut ignorer les dispositions de sa loi et qu'il lui serait très difficile de se renseigner, sur ce point, en pays étranger. Cette solution a le très grand avantage d'éviter les difficultés qui pourraient s'élever dans le cas où les parties se trouveraient être de nationalités différentes et dans l'hypothèse où il y aurait défaut de concordance entre les dispositions des deux lois (Voir dans ce sens Weiss, pg. 104 et 105, Despagnet, n°s 332 et 333, pg. 350, Albéric Rolin, pg. 359, t. 1); en sens contraire Duguit, pg. 54 et 55, Lakanal, Revue générale du droit, 1884. pg. 400. Voir encore dans notre sens M. de Vareilles-Sommières, n° 99, pg. 63, t. I.

Mais cette règle s'applique-t-elle aux actes solennels ?

La question est très délicate et très discutée ; dans une première opinion, on répond négativement, en ce sens que l'acte ne sera pas dispensé des formes exigées par la loi française, même s'il est fait dans un pays où il en est dispensé par la loi locale. Le seul rôle de la règle *locus regit actum* est de déterminer les formes de la solennité.

« De pareilles prescriptions, dit M. Albéric Rollin, reposent, en effet, toujours sur un intérêt général ou sur un intérêt national, elles équivalent à interdire l'acte juridique lui-même, s'il n'est point accompli et constaté dans une certaine forme », sauf les exceptions prévues par le C. civ. pour les actes de l'état civil et pour le mariage (art. 47 et 170).

Voir dans ce sens Demangeat, p. 340, Bertauld, t. 1, n° 154, Laurent, t. VI, p. 651-662, Duguit, op. cit., p. 111 et 3. le projet de révision du C. c. belge, art. 10 et la conférence de la Haye 1893.

Mais M. Weiss, à l'opinion duquel nous nous rattachons et la majorité des auteurs appliquent cette règle même aux actes solennels, la raison de nécessité pratique étant générale, et le résultat de l'opinion contraire étant de priver les Français d'un droit civil, celui d'accomplir un acte solennel à l'étranger, (V. Weis, p 100 et les autorités qu'il cite p. 101, et ajoutez de Vareilles-Sommières, n° 100, p. 64).

Il est encore une question très délicate, c'est la question de savoir si cette règle est obligatoire ou facultative ?

A son début, cette règle était facultative. Elle n'était qu'une dérogation aux principes qui soumettaient l'individu, se trouvant à l'étranger, soit à la loi de son domicile, soit à la loi de la situation de l'immeuble. « Puis, ajoute M. Lainé, dans la doctrine italienne peut-être, dans la doctrine française assurément (quant à la doctrine hollandaise, les débuts seuls en appartiennent à l'ancienne théorie des statuts), on en vint à oublier le caractère qu'avaient eu les choses, à l'origine, et, à commander ce qui tout d'abord avait été simplement permis ». Mais les motifs invoqués, pour justifier le caractère obligatoire de la règle, sont tous insuffisants ; le seul motif qui explique cette exigence et seulement pour les actes publiés n'a pas été aperçu par les anciens auteurs.

« Oui, l'acte reçu par un officier public n'est valable dans le pays où il a été rédigé que s'il remplit les conditions prescrites par la loi de ce pays et, nul dès l'origine, là où il a été dressé, il ne saurait devenir valable ailleurs, à raison de sa conformité avec d'autres lois » (Lainé, p. 410, t. II).

Aujourd'hui la question est discutée. Dans une première opinion la règle est obligatoire, c'est l'opinion de la juris-

prudence française et de quelques grands jurisconsultes.
(Répertoire, v° testament, sect II, § 4, art. 2, Merlin,
Demolombe. t. I, n° 106 bis, Demangeat, Cass. 9 mars
1853 ; Trib. Seine, 21 juillet 1883 ; Trib. Boulogne-sur-
Mer, 8 avril 1886, sur Fœlix, t. I, p. 184).

Dans l'opinion que nous suivons, cette règle est facultative, car elle est fondée uniquement sur l'intérêt de l'étranger, et dès que celui-ci n'en veut pas, on ne peut pas la lui
imposer.

La règle est donc facultative mais avec les distinctions
suivantes :

a) Il faut que les parties, aient la même nationalité, car dans
le cas contraire il n'y a pas de raison pour que la forme de
l'acte soit déterminée, plutôt par une loi que par une autre.

b) Il faut que l'ordre public international n'exige pas que
la règle soit obligatoire, comme par exemple en matière de
publicité, loi de 1855.

c) Quant aux actes publics, ce principe est plutôt nominal.
Car il est probable que l'officier public se refusera à dresser
un acte, dans une forme autre que celle qui lui est commandée par sa loi, sauf les actes reçus par les agents diplomatiques. (Voir Weiss p. 107, 108 et 109 et les autorités qu'il
cite, Despagnet n° 341 p. 357, Albéric Rolin p. 367, l'art. 9
du projet du C. C. Belge et la conférence de la Haye 1893
admettent le caractère facultatif de cette règle, seulement
pour les actes sous-seing privé). Le dernier auteur qui
ait écrit sur le droit International privé. M. le comte de
Vareilles-Sommières propose un autre système qu'il for-
mule ainsi « De la part d'un état déterminé, la règle *locus
regit actum* est impérative en ce qui concerne les actes

accomplis par les étrangers sur son territoire, elle est facultative, en ce qui concerne les actes accomplis par ses sujets hors du territoire. » Cette distinction qui paraît très logique à première vue et que l'auteur présente comme un terrain de transaction et de conciliation avec les opinions contraires, nous la repoussons, pour cette raison qu'elle donnera naissance à des conflits de lois qui ne peuvent pas se présenter dans l'opinion que nous suivons ; conflits que cet auteur prévoit, car il ajoute en note p. 71 :

« Les nouvelles écoles seraient mal venues à se récrier sur ce résultat de nos principes ; elles admettent, sans hésiter, des résultats semblables, toutes les fois que leur ordre public international est en opposition avec les lois étrangères. »

Il nous est facile de répondre à M. de Vareilles-Sommières, que si le droit International privé est impuissant, à l'heure actuelle, à résoudre tous les conflits de lois, il ne s'ensuit nullement qu'il ne doive pas chercher à les éviter et que, entre deux opinions il faille justement aller choisir celle qui pourrait donner naissance à de nombreux conflits.

Avant d'en finir avec la règle, *locus regit actum*, demandons-nous si ces principes reçoivent leur applications quand un français est allé à l'étranger, uniquement pour échapper aux règles de la loi française ?

Un grand nombre d'auteurs n'appliquent pas la règle dans ce cas ; car, non seulement la raison, pratique, qui lui sert de fondement fait défaut, mais encore ce français a voulu frauder la loi française (Aubry et Rau, Laurent, t. II, p. 239, Pillet Journal 1895, p. 951, M. Despagnet, n° 336, p. 354, admet la même opinion lorsque les formes prescrites par la loi française sont exigées à peine de nullité). M. Weiss répond avec raison, à notre sens, que cette règle a un but supérieur, celui de prévenir toutes les difficultés relatives à la forme des actes, et que ce but serait manqué s'il fallait scruter l'intention de l'auteur de l'acte. (Weiss, p. 111, Savigny, de Bar, Asser et Rivier, Audinet).

Le C. C. Français n'a pas consacré formellement cette règle, mais tout le monde est d'accord qu'il l'a adoptée d'une manière tacite. Art. 47, 170, 999, on discute seulement la question de savoir si la règle a une portée générale ou non. Toujours tacitement, cette règle a été adoptée par les Codes : du canton de Vaud, de Haïti et du Pérou.

Le C. C. Italien reconnait formellement cette règle. Art. 9, al. 1. : « Les formes extrinsèques des actes entre vifs et de dernière volonté sont déterminées par la loi du lieu où ils sont faits. Il est cependant permis aux disposants ou contractants d'observer les formes de leur loi nationale, pourvu que ladite loi soit commune à toutes les parties ».

Le C. c. *Espagnol* art. 11 est encore plus explicite al. 1 : « Les formes et solennités des contrats, testaments et tous les actes publics se règlent d'après les lois du pays où ils sont faits. »

Al. 3. « Malgré les dispositions de cet article et du précédent, les lois prohibitives concernant les personnes, leurs actes, leurs biens, celles qui ont pour objet l'ordre public et les bonnes mœurs ne perdront point leur effet, quel que soient les lois, jugements, dispositions ou conventions accordées à l'étranger. »

La loi d'introduction au C. c. *Allemand* art. 11 dit : « La forme d'un acte juridique se détermine d'après les lois qui règlent le rapport juridique formant l'objet de l'acte. Il suffit néanmoins de l'observation des lois de la localité où l'acte est passé. La disposition de l'alinéa 1, 2 ne s'applique pas à l'acte juridique par lequel on établit un droit sur une chose ou par lequel on dispose de pareil droit. »

Cette règle est inscrite dans l'art. 2 du C. c. Roumain, le code de Zurich art. 6 écarte cette règle si les parties sont passées à l'étranger pour se soustraire aux formes imposées par leur loi nationale.

En Angleterre et aux Etats-Unis, la règle est écartée en ce qui concerne les actes relatifs aux immeubles, pour lesquels on doit suivre la loi de la situation.

Maintenant que nous avons étudié la règle, faisons en des applications à notre matière, à la *forme de la reconnaissance* :

Nous avons dit plus haut que la reconnaissance, peut être reçue, en France, par un notaire, qu'elle peut résulter d'un interrogatoire, d'une enquête, qu'elle peut être reçue par le juge de paix siégeant comme conciliateur, etc... Il est évident que la reconnaissance faite par un étranger devant un notaire, en France, ou devant le juge de paix, sera valable partout, quelle que soit la forme exigée par sa loi, ou le nombre de témoins nécessaires ; et il est encore certain qu'un français reconnaîtra valablement son enfant à l'étranger, même devant un huissier ou un garde-champêtre, si ces officiers ont compétence, d'après leur loi, pour recevoir de pareils actes — tout ceci n'est qu'une pure application de la règle, *locus regis actum*, et est admis par tout le monde.

Dans l'opinion que nous avons suivi, et qui applique cette règle même aux actes solennels, il est encore évident qu'un français pourra valablement reconnaître son enfant, en Italie, même par acte sous seing privé, par testament olographe et mystique en Espagne; que les tribunaux français, considéreront, comme légalement constatée, la filiation naturelle d'un français, résultant de la possession d'état ou de l'acte de naissance, en Allemagne, Autriche, Hongrie, Canton de Zurich, des Grisons, etc, toutes ces conséquences ne sont, dans notre opinion, que l'application de la règle, *locus regit actum.*

Mais, dans l'opinion qui n'applique pas cette règle aux actes solennels, cette reconnaissance, faite par un français en Italie, par acte privé, sera inexistante, (V. Duranton, t. I, nº 95, Bertauld, t. I. pg. 122, Duguit, (conflits de législ), pg. 95, Trib. de la Seine, 21 avril 1875, Paris 2 août 1876, Bordeaux 26 février 1886, Journal 1877, p. 230 et 1887, p. 316).

M. Albéric Rolin, tout en admettant que la règle « *locus regit actum* » ne s'applique pas aux actes solennels, excepte quelques cas, parmi lesquels, la reconnaissance. « N'est-il pas vrai qu'une nécessité impérieuse exige que cet acte puisse être accompli partout, et qu'il doive suffire, en conséquence, de satisfaire aux formes prescrites par la loi du pays où il est passé » (Albéric Rolin, p. 387, nº 197).

Ceci est très exact et non seulement pour la reconnaissance, mais pour tous les actes solennels. Le C. c. admet que la reconnaissance pour accompagner la déclaration de naissance et l'art. 47, fait une application de notre règle, en ce qui concerne les actes de l'état civil, d'où on doit conclure qu'une reconnaissance pourra être reçue en Suède, au Danemark, en Turquie, au Portugal, en Pologne, Autriche, par un ministre du culte, celui-ci ayant compétence d'après les différentes lois pour recevoir les actes de l'état civil.

Jugé en ce sens par la Cour de Chambéry, 1re chambre, 23 février 1885. Il s'agissait d'une reconnaissance reçue à la paroisse de Saint-Sauveur à Valparaiso (Chili), par l'évêque de Juliopolis en 1844, (Journal, 1885, p. 665).

Nous avons admis que la règle, *locus regit actum*, fondée sur l'intérêt des individus, avait un caractère facultatif, d'où cette conséquence qu'un italien pourra reconnaître son enfant, en France, non seulement, par acte authentique, mais aussi, par acte sous seing privé ; qu'un espagnol pourra le faire par testament olographe ou mystique, et que la filiation naturelle d'un enfant allemand sera suffisament prouvée en France, par l'acte de naissance ou la possession d'état.

Ceux qui n'admettent pas que la règle s'applique aux actes solennels, ni qu'elle soit facultative, arrivent au même résultat que nous, en considérant la reconnaissance par acte privé, comme une question de capacité. (Laurent, Duguit, page 95 (1).

Mais comment fera-t-on application de ce principe au français qui reçonnaît son enfant à l'étranger, le C. C. considérant cette reconnaissance comme un acte solonnel, et l'officier public ne consentant pas à employer la forme française ?

(1) M. Alberic Rolin, n° 617, p. 144, dit que la reconnaissance faite, par un étranger, en France, ne sera valable, aux yeux des tribunaux français, que si elle est faité, par acte authentique, et cite dans le même sens l'opinion de M. Buzzati.

C'est l'art. 48, al. 1er, qui répond à la question. « Tout acte de l'état civil des Français. en pays étranger, *sera valable*, s'il a été reçu *conformément aux lois françaises*, par les agents diplomatiques ou par les consuls ».

M. Weiss, explique cette compétence attribuée aux agents diplomatiques, par l'intérêt des français, les actes de l'état-civil étant reçus dans beaucoup de pays par les ministres des différents cultes, il serait arrivé qu'un français, à raison de sa religion, se fût trouvé, dans l'impossibilité de faire constater les actes de son état-civil. (Weiss, p. 253, t. III).

Donc un français pourra faire une reconnaissance d'enfant naturel à l'étranger, devant son consul ou tout autre agent diplomatique, à la condition que le père et l'enfant aient tous les deux la nationalité française.

Mais les consuls ayant une compétence très étendue, dans les pays d'Orient, on a prétendu que les Français ne pourraient dans ces contrées recourir aux formes du pays et qu'ils devraient toujours s'adresser à leurs consuls. (Aubry et Rau, 5e éd. t. 1, § 63, p. 333, note I bis).

A quoi M. Weiss répond que cette règle est uniquement basée sur l'intérêt des français et que, par conséquent, elle est générale, et que si on acceptait l'opinion contraire, les français seraient plus gênés dans les pays de l'Extrême-Orient, où ils ont une position privilégiée, que dans les autres pays. (Weiss, p. 256). Autre question : comment les reconnaissances faites à l'étranger seront-elles connues en France ?

La France a conclu quelques conventions, en vertu desquelles, de certains actes de l'état-civil et notamment les actes naissance, de mariage et de décès, sont transmis régulièrement. Mais, il n'y a que le traité Franco-Belge de 1875, qui prévoie expressément la reconnaissance d'enfants naturels. Bien que dans les autres traités on ne parle pas de la reconnaissance, faut-il conclure que celle-ci sera transmise quand même, à titre d'acte de l'état-civil — ou bien qu'elle ne le sera pas, n'ayant pas été prévue par ces traités ?

Des traités ont été conclus avec la France : avec l'Allemagne (1871) ; avec l'Italie (1875) ; le Luxembourg (1875) ; la Belgique, Monaco (1876) ; Autriche-Hongrie (1892).

En vertu de ces traités, les actes de l'état-civil d'un étranger sont transmis par les officiers de l'état-civil, — qui les ont reçus au ministère de l'intérieur, par l'intermédiaire des préfets ou sous-préfets, le ministre de l'Intérieur les transmet au ministre des affaires étrangères qui, à son tour, les envoie à la légation de l'état auquel appartient l'individu étranger. Il ne reste qu'une question pour finir avec les formes de la reconnaissance. Supposons un français voulant reconnaître son enfant en Russie, — le Swod ne connaissant pas cet acte juridique, le français se trouvera dans l'impossibilité de faire constater sa filiation naturelle en supposant qu'il se trouve dans une ville — ou il n'y a pas de consul français. M. Weiss dit que, dans ce cas, l'art. 46 s'applique, c'est-à-dire que le Français pourra prouver cette filiation « tant par les registre émanés des pères et mères décédés, que par témoins » et que le tribunal français pourra même se contenter d'un acte de notoriété, mais c'est là pour lui une simple faculté. (V. Weiss, p. 248 et 249, note 2).

CHAPITRE IV

Conditions de fond. Articles 336, 337, 339.

———

Droit français. — Le C. c. ne parle nulle part de la capacité nécessaire pour reconnaître un enfant naturel. Une femme mariée, un mineur, un interdit peuvent-ils faire une reconnaissance valable, malgré leur incapacité ordinaire ? Cette question est très délicate, mais, hâtons-nous de le dire, elle est beaucoup plus contestable que contestée. Car les auteurs, à l'exception de *Laurent* de *Colmet de Santerre* pour l'interdit, de *Malpel* et de *Chevalier*, admettent que la reconnaissance faite, par un incapab'e, est valable, malgré son incapacité ordinaire.

Sans entrer dans de plus amples détails, la question ne concernant pas directement notre sujet, remarquons seulement que ce résultat a quelque chose de contraire à la logique, car le mineur qui ne peut s'obliger, pour la somme la plus modique ou qui ne peut avouer une dette aussi petite fût-elle, pourra faire un aveu, dont les conséquences, qu'il n'est peut être pas en état de prévoir, seront sûrement très graves et . . . . si l'on . . . . n'est pas exigé pour la validité de la reconnaissance.

Sans méconnaître la force de ces objections, nous croyons cependant que l'opinion générale est la bonne, car la reconnaissance n'est que la constatation d'un fait, et si le fait de la paternité ou de la maternité est possib'e, on ne comprend pas les distinctions entre un individu âgé de 18 ans et un autre de 21, on a déjà fait remarquer, d'ailleurs, que ce n'est pas directement que le mineur s'oblige — mais indirectement, en vertu de la loi.

Voir dans le sens contraire *Laurent, Colmet de Santerre* nᵒ 274 bis A-R ; *Malpel* (Revue de législation t. IV) *Chevalier* (Revue pratique de droit Français 1874 nᵒ 2).

La reconnaissance est un aveu, c'est dire qu'elle est essentiellement personnelle, et, par conséquent, elle ne pourra être faite que par le père, la mère ou leur mandataire, à condition, dans ce dernier cas, que la procuration soit authentique et spéciale ; mais la reconnaissance ne pourra être faite, ni par les parents du père ou de la mère, ni par les descendants légitimes, ni par le tuteur.

Pourtant l'art. 336 donne lieu à quelques difficultés. Il dit que la reconnaissance du père, sans l'indication et l'aveu de la mère, n'a d'effet qu'à l'égard du père, et de là on a conclu que le père peut déclarer le nom de la mère à l'officier de l'état-civil qui doit le recevoir et que cette déclaration, qui, à elle seule, ne pourrait pas même servir de commencement de preuve, dans une recherche de maternité, vaut comme reconnaissance, si elle est suivie de l'aveu de la mère, et cet aveu, n'étant d'ailleurs soumis à aucune condition de forme, peut résulter même des soins donnés à l'enfant. (Dans ce sens, la Jurisprudence et un très grand nombre d'auteurs notamment *Demante, Aubry* et *Rau*.)

Demolombe et Laurent, soutiennent, au contraire, que l'art. 336, ne signifie qu'une chose : c'est que l'aveu est personnel et, quant à la rédaction embarrassée, elle s'explique par les travaux préparatoires. Nous choisirons la première opinion parce qu'elle rend plus facile la preuve de la filiation naturelle.

Il est hors de doute, en droit français, que la reconnaissance peut avoir lieu non seulement à tout moment de la vie de l'enfant, mais encore avant sa naissance et, après sa mort s'il a laissé des descendants légitimes (arg. d'analogie tiré de l'art. 332). Mais on discute, au contraire, si la reconnaissance est possible après la mort de l'enfant qui n'a pas laissé de descendants.

a) *Demante*, n° 62 *bis*, XI, dit que cette reconnaissance est impossible, car les parents se créeraient eux-mêmes un titre à la succession de leur enfant.

b) *Duranton* admet cette reconnaissance, mais dénuée d'effet, c'est-à-dire que les parents ne pourront pas prétendre à la succession de l'enfant.

c) Enfin, dans une troisième opinion, que nous croyons la meilleure, cette reconnaissance tardive est possible et produira tous ses effets. (Demolombe n° 416 ; Laurent, p. 76).

Vices de la reconnaissance. — Il faut d'abord distinguer la reconnaissance inexistante de la reconnaissance simplement anulable. La reconnaissance est inexistante dans quatre cas : 1) quand elle a été faite par une autre personne que par le père, la mère ou le mandataire ; 2) lorsqu'elle émane d'un individu privé de raison ; 3) dans le cas où elle a été reçue par un officier public incompétent, comme un huissier ou un garde champêtre ; 4) enfin, lorsque la forme authentique n'a pas été employée, par exemple une reconnaissance sous-seing privé ou verbale.

La reconnaissance sous-seing privé donne naissance à quelques difficultés que nous ne ferons qu'indiquer.

Toullier prétend qu'elle devient authentique aux termes de l'art. 334, par la vérification ou reconnaissance d'écriture. *Duranton* et *Proudhon*, distinguent entre le père et la mère, soutenant que la reconnaissance vérifiée ne prouve que la maternité.

Proudhon, admet encore que la reconnaissance privée insuffisante pour prouver la filiation naturelle, donne cependant droit à des aliments.

La jurisprudence et la grande majorité des auteurs considèrent comme valable l'obligation sous-seing privé, de fournir des aliments à l'enfant, même quand cette obligation serait accompagnée d'une déclaration de paternité ou d'une reconnaissance. (Demante, Aubry et Rau, Laurent, dans le sens contraire : *Demolombe*).

La reconnaissance est simplement annulable, dans l'opinion de *Laurent*, quand elle émane d'un mineur ou d'une femme mariée.

Dans l'opinion générale, en cas de dol, erreur et violence, s'il y a eu vice de forme ou incompétence, cette reconnaissance peut être ratifiée expressément, ou même tacitement par la prescription de 30 ans d'après Aubry et Rau, ou de 10 ans d'après Loiseau.

Reste l'art. 339 que Demolombe range parmi les cas d'annulabilité, mais qui est plutôt un cas d'inexistence, car si la reconnaissance n'est pas l'expression de ...... cela revient à dire qu'elle a été faite par une personne qui n'avait aucun droit, et par conséquent elle n'existe pas.

L'art. 339 dit que la reconnaissance put être contestée

par toute personne intéréssée. La doctrine ne distingue d'ailleurs pas, entre l'intérêt moral et l'intérêt pécuniaire. Cependant, dans ce dernier cas, on exige un intérêt né et actuel. Les personnes qui peuvent avoir un intérêt moral à contester une reconnaissance sont : a) l'enfant reconnu ; b) la personne qui l'a déjà reconnu ou qui voudrait le reconnaître ; c) le père ou la mère légitime de l'enfant ; d) le père ou la mère de celui qui a reconnu ; e) l'auteur de la reconnaissance d'après *Aubry et Rau*, et *Laurent*. Voyez en sens contraire *Demante* et *Demolombe*.

En droit français, la reconnaissance est *déclarative, irrévocable* et *générale*, c'est-à-dire opposable à tout le monde.

On discute la question de savoir, si une reconnaissance contenue dans un testament est ou non révocable. La *Jurisprudence, Colmet de Santerre*, t. IV, 181 bis III, *Aubry et Rau*, disent que la reconnaissance, contenue, dans un testament est *irrévocab'e* ; car, par testament, on entend seulement les dispositions relatives aux biens.

Demolombe, n° 455 et *Laurent*, n° 85, sont d'avis que dans ce cas, la reconnaissance est révocable. Comme exception au caractère de généralité de la reconnaissance nous avons l'art. 337 qui dit : « La reconnaissance, faite pendant le mariage, par l'un des époux, au profit d'un enfant naturel qu'il aurait eu, avant son mariage, d'un autre que de son époux, ne pourra nuire, ni à celui-ci, ni aux enfants nés de ce mariage. Néanmoins elle produira son effet après la dissolution de ce mariage, s'il n'en reste pas d'enfants ». Pour justifier cet article, *Demolombe* prétend que le but du législateur a été de maintenir la paix du ménage et la bonne intelligence entre les époux *Demante*, soutient la même

idée. Si tel est le but du législateur, remarquons qu'il a été
manqué, car la paix du ménage sera suffisamment troublée
par le fait seul d'une reconnaissance même dénuée d'effets.
Pour M. *Laurent*, n° 128, ce seraient les intérêts pécuniaires
des enfants légitimes et du conjoint qui auraient motivé cette
exception. Soit ; mais alors pourquoi la reconnaissance pro-
duira-t-elle tous ses effets si elle a lieu à la dissolution du
mariage, malgré la présence des enfants légitimes issus de
cette union ?

Nous pensons que cet article n'était nullement nécessaire et qu'il est très difficile de le justifier. Des termes de
cette disposition il résulte : a) que la reconnaissance sera
valable, si elle a précédé le mariage, bien que l'autre époux
l'ait ignoré ; b) qu'elle sera encore valable, si elle a lieu, à
la dissolution du mariage, malgré la présence d'enfants
légitimes ; c) qu'elle sera valable si l'enfant appartient aux
deux époux et qu'il n'ait pu être légitimé par le mariage
subséquent. Nous croyons avec *Demante* et *Laurent*, que
cet article ne vise pas la reconnaissance forcée, car ce texte
est une exception, inexplicable d'après nous, et qui doit
être limitée au cas qu'elle prévoit.

Au contraire, *Demolombe*, *Colmet de Santerre*, *Valette*,
Aubry et Rau, appliquent cet article, même à la reconnaissance forcée, par identité de motifs.

On discute beaucoup la question de savoir quel est le
sens du mot *nuire*.

On admet généralement que l'enfant naturel reconnu
pendant le mariage ne pourra pas écarter de la succession
l'époux survivant, ni prétendre à la succession concur-

remment avec les enfants légitimes issus du mariage.

Mais l'enfant reconuu pourra-t-il faire réduire les dona-tions faites, au conjoint, pendant le mariage ? Oui, d'après *Demolombe, Aubry et Rau, Marcadet*. Car l'article ne pro-tège pas l'époux comme donataire ou légataire ; non, d'après Demante, *Laurent*, car l'article 337 est général. Mais l'enfant ainsi reconnu a-t il droit aux aliments ?

Toujours, disent les uns, quelquefois, disent les autres, suivant le régime des époux. De l'examen de ces divergen-ces, je tire la conclusion que s'il n'y avait qu'un seul arti-cle défectueux dans le C. civ., ce serait bien certainement l'article 337.

LÉGISLATION COMPARÉE. — Nous rencontrons d'abord le Swod, en Russie, et le C. C. Roumain, qui concluent la filia-tion náturelle, le premier pour la classe noble, le second vis à vis du père seulement.

Nous n'avons rien à dire sur le C. C. belge.

Parmi les autres législations, il n'y a que le C. C. Hollan-dais et le C. C. de Malte, qui prévoient expressément la re-connaissance faite par un mineur, le C. C. Hollandais dit : « La reconnaissance faite, par un mineur, n'est valable que s'il a accompli sa 19e année. » Art. 337.

Et le C. C. de Malte, art. 100, 2e alinéa : « Mais la recon-naissance, faite par un mineur qui se déclare être le père de l'enfant est nulle. »

Les autres codes étant muets sur la question, il est per-mis de croire que dans les autres législations comme dans le C. C. Français, les incapables peuvent reconnaître vala-blement leurs enfants naturels.

Le Code civil Italien admet les mêmes principes que le C. Nap., il dit expressément dans l'art. 181 : que la reconnaissance peut précéder la naissance de l'enfant, et comme l'art. 196 n'est que la reproduction de l'art. 332, on doit conclure que la reconnaissance peut intervenir même après la mort de l'enfant, s'il laisse des descendants.

Il se sépare de l'art. 336, mais interprété par l'opinion générale car l'art. 182 C. C. It. dit : « La reconnaissance n'a d'effet qu'à l'égard de celui des père et mère qui l'a faite, et elle ne donne à l'enfant reconnu aucun droit envers l'autre auteur. »

L'art. 183 dispose que : « L'enfant naturel d'un des conjoints, né avant le mariage et reconnu, pendant ledit mariage, ne peut être introduit dans la maison conjugale que du consentement de l'autre conjoint, à moins que celui-ci n'ait déjà donné son consentement à la reconnaissance. » Tout ce qui résulte d'une reconnaissance faite pendant le mariage, c'est que l'enfant ne rentrera pas dans la maison ; mais ses droits ne seront point diminués, comme, en droit français, ils le sont.

L'art. 189. « La reconnaissance peut être constestée par l'enfant et par toute personne intéressée. »

Le Code Civil Espagnol. — L'art. 132 « lorsque le père ou la mère reconnaît l'enfant, par acte séparé, il ne peut révéler le nom de la personne, avec laquelle il l'a eu, ni indiquer aucune circonstance permettant de la reconnaître. Les fonctionnaires publics ne recevront aucun acte manquant à cette prescription. Si, malgré cette prohibition ils en recevaient, ils seraient passible d'une amende de 125 à 150 pesetas ».

C'est comme on le voit juste le contraire de ce qu'on **admet en droit français (art. 336).**

L'Art. 133, 1er alin , dispose : « L'enfant majeur ne pourra être reconnu sans son consentement ; 3e alin. : le mineur pourra, dans tous les cas, attaquer sa reconnaissance, dans les quatre ans qui suivront sa majorité ».

De ce texte on doit conclure que le mineur peut être reconnu, sans son consentement, que le majeur ne pourra pas contester la reconnaissance, et que le mineur peut la contester même s'il a consenti à être reconnu — mais seulement pendant les 4 ans qui suivront sa majorité.

C'est juste le contraire du droit français qui ne distingue pas entre le mineur et le majeur, qui ne s'occupe pas de leur consentement, mais qui leur donne à tous les deux le droit de contester une reconnaissance sans aucun délai fatal.

Le *C. C. Portugais,* admet, à la lettre, les mêmes dispositions que le C. C. Espagnol ; la seule différence c'est que le C. C. Portugais (art. 127) donne 4 ans à l'enfant reconnu pendant sa minorité pour contester la reconnaissance ; non seulement après sa majorité, mais encore, à partir de son émancipation.

Et dans l'art. 128 il dispose : « La reconnaissance du père ou de la mère et l'opposition de l'enfant peuvent être contestés par tous ceux qui y ont intérêt ».

Le C. C. Espagnol est muet sur cette question, mais il est permis de croire qu'il la sous-entend.

Le c. c. de Malte décide, à peu près de même : il dit d'abord expressément que l'enfant peut être reconnu, même avant sa naissance, que la reconnaissance n'a d'effet que vis-à-vis de celui qui l'a faite (art. 102), et que l'enfant reconnu, pendant le mariage, ne peut être introduit, dans la maison conjugale qu'avec le consentement de l'autre époux. (art. 103).

Les législations *allemandes*, ne s'occupent pas de la reconnaissance d'enfants naturels, et on pourrait même dire que cet acte y est inconnu. Mais, comme ces législations admettent très facilement la déclaration judiciaire de paternité, il n'y a aucune raison, pour refuser aux parties le droit de faire à l'amiable, ce qu'elles pourraient faire en justice.

Toutefois le c. c. allemand art. 1716 admet que le père peut être contraint de prendre l'engagement de payer la pension alimentaire et les frais, même avant la naissance de l'enfant. Cet engagement qu'il pourrait certainement souscrire à l'amiable équivaut, dans le c. c. allemand, à la reconnaissance antérieure à la naissance du c. c. français et des autres codes que nous avons étudiés.

L'art. 1718 c. c. allemand dit « Celui qui, dans un document public, reconnait sa paternité, après la naissance de l'enfant, ne peut exciper de ce qu'un autre a cohabité avec la mère, à l'époque de la conception ».

Cela revient à dire que si la reconnaissance est authentique le père ne peut pas la contester mais qu'il le pourrait si elle avait été faite par acte privé.

Le c. c. de Zurich dit, en parlant de la recherche de la paternité, que cette action serait repoussée, dans le cas où le défendeur n'aurait pas 16 ans révolus. Faut-il conclure de là que le mineur de 16 ans ne peut, dans cette législation, faire valablement une reconnaissance volontaire ? Ce code admet, en outre, quelques exceptions, résultant de la conduite de la mère ; par exemple dans le cas où elle aurait fréquenté des lieux de débau-

che. Quelle serait la valeur d'une reconnaissance au profit
de l'enfant d'une telle femme ?

CONFLITS. — Dans cette matière, le rôle du droit international privé est très facile, car on applique toujours la loi
des parties, qui, dans l'opinion générale, est la loi nationale,
— sauf dans de très rares hypothèses où ce rôle est dévolu
à la loi du domicile. Il résulte donc de là, qu'un Français
pourra reconnaître son enfant naturel, qui par hypothèse
est français, même en Russie ou en Roumanie, bien que
dans ces pays, la reconnaissance soit inconnue ; mais, en
fait, il ne pourra faire cette reconnaissance que devant son
consul, car il est probable que les officiers publics de ces
pays se refuseraient à la recevoir. Un sujet Italien pourrait,
lui, faire cette reconnaissance, par un simple acte privé; à
l'inverse, une reconnaissance, faite en France, par un sujet
Russe ou Roumain, devra être déclarée inexistente, par les
tribunaux français — ces individus faisant ainsi un acte
juridique inconnu de leur loi nationale.

Les conflits de lois ont un très grand avantage, c'est
celui de faire ressortir les imperfections de certaines législations; il faut espérer qu'ils attireront l'attention du législateur Roumain sur la filiation naturelle vis-à-vis du
père, car à cet égard, le C. c. Roumain est tout à fait défectueux, ce qui lui assigne une place complètement à part
dans les législations civilisées.

Nous avons supposé que le père et l'enfant ont la même nationalité et nous avons appliqué la loi nationale mais il se peut
que le père ait une nationalité différente de celle du fils et

qu'une de leurs deux lois nationales n'admette pas la reconnaissance. Quelle loi appliquera-t-on ?

M. Weiss, p. 554 (Traité élémentaire) dit que la reconnaissance ne sera valable que si elle est admise par les deux lois, car s'il est vrai, le plus souvent, que la reconnaissance ait pour effet d'attribuer à l'enfant, la nationalité du père, il n'est pas moins vrai qu'au moment où cette reconnaissance intervient, l'enfant a une autre nationalité qui régit sa capacité et qu'il faut consulter pour savoir s'il peut être reconnu ou non.

M. Albéric Rolin, tout en reconnaissant que la question est discutable, se déclare fortement tenté de suivre l'opinion de M. Weiss (Albéric Rolin, p. 143, n° 616, t. II).

Mais cette opinion, dont le résultat serait de rendre les reconnaissances encore plus rares, en les faisant dépendre des deux lois, ne se montre-t-elle pas par trop exigeante ?

Prenons un exemple : un français a un enfant naturel en Russie ou en Roumanie. Si le père reconnaît l'enfant dans l'acte de naissance, cette reconnaissance sera valable. L'enfant acquiert, en naissant, l'état d'enfant naturel d'un français, au contraire, si le père reconnaît son enfant un jour seulement après la déclaration de naissance, la reconnaissance cessera, dans l'opinion de M. Weiss, *inexistante*, car l'enfant, étant roumain ou russe, comme né de père et mère inconnus et la loi roumaine ou russe qui régit la capacité de l'enfant n'admettant pas la reconnaissance, celle-ci se trouve manquer par là, d'une condition essentielle à son existence.

Un autre exemple : un français a, en France, un enfant naturel, d'une femme Russe ou Roumaine ; si le père reconnaît le premier le même jour que la mère, l'acte sera valable, s'il reconnaît un jour après la mère, la reconnaissance sera inexistante. L'enfant acquiert, d'après la loi de 1889, la nationalité de la mère, et cette nationalité ne lui permet pas d'être reconnu.

Ces conséquences de l'opinion de M. Weiss sont-elles logiques ? Je ne le crois pas et considérant la nationalité de l'enfant, comme provisoire, je me contenterai de la loi personnelle du père.

Voir en ce sens *Asser et Rivier* p. 126 (Eléments du droit international privé, ou du conflit des lois, Paris, 1884.)

Il est vrai que la loi de 1889 a consacré, si je peux m'exprimer ainsi, l'opinion de M. Weiss, car sur 3 cas de reconnaissance, il y a d'abord un cas où la reconnaissance n'a aucune influence sur la nationalité de l'enfant, et deux dans lesquels la nationalité est fixée par la première reconnaissance — par conséquent, on ne peut plus dire que la nationalité de l'enfant non encore reconnu, est provisoire.

Laurent, soutient que c'est la loi de l'enfant qui décide si la reconnaissance est ou non possible, car c'est de son état qu'il s'agit.

M. de Vareilles-Sommières a sur la question une opinion très personnelle :

a) Si l'une des parties est française, on doit toujours appliquer la loi française (en France bien entendu). » Il n'est pas admissible que notre législateur pousse la condescendance, envers les lois étrangères, jusqu'à leur soumettre des Français. Il leur fait déjà une concession très large, en les autorisant à suivre leurs sujets en France : ce serait une inconcevable générosité que de leur permettre d'y prendre possession de nos nationaux mêmes. La courtoisie, à ce degré, changerait de nature et de nom ; elle deviendrait un manque de dignité » (t. II, n° 882, p. 154).

b) Conflit entre deux législations étrangères, on applique encore la loi française. car on ne peut pas donner satisfaction aux deux lois et on a aucune raison de préférer l'une plutôt que l'autre. « Puisque l'on ne peut admettre l'un (statut personnel) sans exclure l'autre et qu'ils ont autant de titres l'un que l'autre à être admis, ce qu'il y a de plus juste et même de plus courtois c'est de les tenir sur le pied d'égalité en leur préférant la loi française qui, elle au moins, a, sur chacun d'eux, un titre spécial incontestable, celui d'être la maîtresse du logis » (t. II, n° 886, p. 157).

Il est vrai que cet auteur ne parle que du conflit des effets de deux lois, mais il est évident que la question est la même, car si c'est la loi française qui doit déterminer les effets d'une reconnaissance, faite par un roumain au profit d'un français, c'est encore la loi française qui décidera si cette reconnaissance est valable ou non.

Nous avons dit que, dans cette matière, on applique toujours la loi personnelle. Il résulte donc de là que la reconnaissance faite, par un français mineur de 19 ans, en Hollande, sera considérée comme valable, même par les tribunaux Hollandais, et, à l'inverse, la reconnaissance faite, en France, par un Hollandais âgé de 18 ans, devra être considérée comme nulle ; même décision pour la reconnaissance, faite dans l'île de Malte, par un mineur français, ou par un mineur, sujet de cette île, en France.

Nous savons que les codes Italien, Espagnol, Portugais, de Malte, interprètent autrement que le C. civ. fr., la question dont s'occupe l'article 336 qui, d'après l'opinion générale, signifie que la déclaration de la mère contenue dans la reconnaissance du père prouve la filiation naturelle de l'enfant si elle est suivie d'un aveu même tacite.

Je suppose un Italien reconnaissant son enfant naturel en France et déclarant le nom de la mère, italienne aussi, dans l'acte de reconnaissance. La mère élève l'enfant, sans le reconnaître. Je demande, si la filiation de l'enfant sera prouvée aux yeux des tribunaux italiens, malgré l'article 182 C. civ. it. ?

A première vue, on est tenté de répondre négativement, car c'est une question de capacité régie à ce titre par le C. civ. italien. Toutefois, une telle décision serait inexacte, car nous nous trouvons en présence d'une simple question de forme qui tombe par suite sous le coup de la règle « *locus regit actum* ».

En effet, l'article 336, prévoit seulement, à notre sens, un cas spécial, dans lequel, la *possession d'état* ou la reconnaissance privée suffit à établir la filiation naturelle de l'enfant, vis-à-vis de la mère, et si l'on admet que la filiation peut être prouvée en Allemagne, par possession d'état d'une manière générale, il est évident que cette filiation sera prouvée en France, toujours par possession d'état, dans l'hypothèse spéciale de l'art. 336 et, par conséquent, elle sera considérée comme légalement constatée, par les tribunaux italiens, en application de la règle *locus regit actum*.

A l'inverse, la reconnaissance du père français, avec l'indication de la mère, faite en Espagne (en admettant bien entendu que l'officier public consent à la recevoir, ce qui est douteux) prouvera la filiation de l'enfant, vis-à-vis de la mère française qui l'a élevé, ceci n'étant qu'une application du caractère facultatif de la règle *locus regit actum*, **carac-**tère adopté par l'opinion que nous avons suivie.

Il nous paraît évident que l'art. 337, tranche une simple question de capacité et que, par conséquent, l'enfant reconnu par un italien, ou par un sujet de l'île de Malte, en France, pendant son mariage, aura tous les droits d'un enfant naturel ordinaire, malgré l'art. 337 C. civ. qui ne peut, certes pas, être considéré comme étant d'ordre public international. Il n'a d'autre but en effet que de protéger la paix du ménage (Demante et Demolombe), ménage français bien entendu, car celui des Italiens sera suffisamment protégé, par le consentement de l'autre époux à la reconnaissance. (Code civ. Ital. 183 ; de Malte, 103).

Mais la reconnaissance faite, par un français en Italie, pendant le mariage, sera, au contraire, régie par l'art. 337.

Il ne reste, pour en finir avec la question de capacité, que la disposition de l'art. 339 qui permet à toute personne intéressée de contester une reconnaissance d'enfant naturel.

Est-ce une question de capacité ou bien une question d'ordre public international ?

Pour comprendre la question, supposons une reconnaissance régie par une loi étrangère qui la déclare *inattaquable*. Cette reconnaissance a eu lieu en France. Si l'art. 339 tranche une pure question de capacité, cette reconnaissance ne pourra être contestée en France, pas plus, par le père et l'enfant que par aucune autre personne intéressée, créancière ou légataire par exemple.

Au contraire, si l'art. 339 est d'ordre public international, cette reconnaissance, inattaquable, d'après la loi étran- gère qui la régit, pourra être contestée en France par toute personne intéressée, aussi bien par les parties que par un créancier ou un légataire, etc., sans tenir compte d'ailleurs de la nationalité de personne.

Les deux opinions seraient, croyons-nous, exagérées et nous ferons la distinction suivante : en général, en principe, la reconnaissance faite en France peut être contestée par toute personne intéressée, mais encore faut-il que la personne qui la conteste soit capable de la contester, d'après sa loi personnelle. Prenons quelques exemples :

a) Une reconnaissance est faite en France par un espagnol au profit de son fils majeur, espagnol aussi, qui a consenti à être reconnu. Cette reconnaissance ne pourra pas être contestée par l'enfant majeur qui y a consenti, car le Code civil espagnol (art. 133) ne le lui permettrait pas. Toutefois, elle pourrait être contestée en France conformément à l'art. 339 C. Nap par la *personne* qui a déjà reconnu ce même enfant et qui, par hypothèse est française ; par les père et mère de cette personne et par toute autre personne qui y a un intérêt matériel né et actuel, comme un créancier ou un légataire.

b) Une reconnaissance a été faite au profit d'un espagnol *mineur*. Cette reconnaissance faite en France pourra être contestée par tout le monde en application de l'art. 339, à l'exception du mineur espagnol qui ne pourra la contester que dans les quatre ans qui suivront sa majorité.

c) Une reconnaissance par acte authentique est faite par un allemand en France, tout le monde pourra la contester, à l'exception du père dont la capacité, à ce point de vue, est régie par le Code civil allemand (art. 1718, qui ne permet pas au père d'attaquer la reconnaissance par lui faite dans un acte public.

Comparez sur cette question Brocher, t. I.

CHAPITRE V

Ordre public international.

———

Droit Français (art. 335). — On appelle incestueux ou adultérins, les enfants nés de deux personnes, entre lesquelles, au moment de la conception, le mariage n'eût pas été possible, soit à raison de leur parenté ou alliance, soit parce que, l'une d'elles ou toutes deux étaient déjà mariées.

L'art. 335 prohibe la reconnaissance de ces enfants-là pour des raisons que nous aurons l'occasion de voir plus bas ; mais, malgré cette prohibition, tout le monde reconnait que cette filiation adultérine ou incestueuse peut se trouver légalement constatée : a) en cas de désaveu ; b) quand un enfant veut prouver sa filiation légitime par témoins et qu'une personne intéressée établit que l'enfant n'appartient pas au mari ; c) en cas d'annulation du mariage ; d) dans l'hypothèse, d'un jugement passé, en force de chose jugée, qui admet la recherche de la filiation adultérine ou incestueuse.

Les art. 335 et 342, qui interdisent d'une manière absolue, toute déclaration de la filiation adultérine ou incestueuse, et les art. 762 et 908 qui la supposent constante, sont tellement contradictoires, qu'ils ont donné naissance à une difficultè.

1) Dans une première opinion, la reconnaissance des enfants adultérins ou incestueux produit toujours tous ses effets, c'est-à-dire qu'elle donne à l'enfant le droit de réclamer des aliments et le rend incapable de recevoir des libéralités ; dans cette opinion, tout ce que l'art 335 signifierait, c'est que les officiers publics ne devraient pas recevoir une telle reconnaissance, mais s'ils l'ont reçue, l'art. 335 devient étranger à la question et on appliquera l'art. 762. (*Merlin*, Delvincourt, Roland de Vilargues, Toullier, Valette sur Proudhon, *Laurent*).

2) Dans une autre opinion, cette reconnaissance est inexistante et ne produira aucun effet, ni pour l'enfant, n contre lui. Quant à l'art. 762, on l'explique par les cas où la filiation adultérine ou incestueuse, est trouvée constatée à la suite d'une action en désaveu, d'une annulation de mariage, etc., etc. (Demolombe, n° 587, Aubry et Rau).

Ce sont les deux seules opinions sérieuses, mais il y en a d'autres. Ainsi, les uns prétendent que cette reconnaissance ne produira ses effets que contre l'enfant, les autres, qu'elle les produira seulement en sa faveur, d'autres enfin n'appliquent l'art. 335 qu'à la reconnaissance par acte authentique.

La Cour de cassation admet l'opinion de Demolombe et d'Aubry et Rau — mais avec une importante restriction qui est la suivante : quand la reconnaissance est faite, dans un testament et accompagnée d'un legs, la Cour annule le legs, comme reposant sur une cause illicite.

Législation comparée. — Rien à dire sur le C. c. belge.

Le Code civil italien reproduit dans son article 180 l'article 335 du C. c. français, mais la filiation adultérine ou incestueuse peut être légalement constatée :

1° Si la déclaration de paternité ou de maternité résulte indirectement d'une sentence civile ou pénale ;

2° Si la constatation de la paternité ou de la maternité résulte d'une déclaration expresse faite, par écrit, par les père et mère (art. 193).

Comme le C. c. italien admet la validité de la reconnaissance, par acte privé, qu'il appelle authentique, la prohibition de l'art. 180 est purement nominale, et, tout son effet se réduit à la reconnaissance reçue par un officier public.

Le Code civil espagnol : Dans l'art. 140 pose que la filiation adultérine ou incestueuse est constante :

1) Si la paternité ou la maternité résulte d'un jugement définitif prononcé au civil ou au criminel ;

2) Si la paternité ou la maternité résulte d'un document certain, émané du père ou de la mère et dans lequel la filiation est expressément reconnue ;

3) Quant à la mère. toutes les fois qu'on prouvera péremptoirement le fait de l'accouchement et l'identité de l'enfant.

Le Code civil portugais n'admet la filiation adultérine ou incestueuse que dans le cas où elle résulte d'un jugement et en cas de rapt ou de viol. (art. 136).

Le Code civil Roumain, ne faisant aucune distinction, entre les enfants naturels, admet la reconnaissance de la mère au profit de ces enfants.

Les législations allemandes ne font aucune distinction entre les enfants naturels simples et les enfants adultérins ou incestueux ; le père pourra donc les reconnaitre pour éviter des recherches judiciaires, quant à la mère cette filiation sera prouvée comme celle des enfants légitimes.

Le Code civil du canton de Zürich, art. 701, dit que l'action en recherche de la paternité doit être repoussée si le père était marié et que la femme en avait connaissance ; on doit conclure que la reconnaissance du père marié devra être déclarée nulle dans ce cas.

CONFLITS. — D'après les principes généraux, l'état et la capacité des individus étant régis par leur loi personnelle, il en résulterait que c'est cette loi qui devrait décider si la reconnaissance d'un enfant adultérin ou incestueux est permise, et par conséquent, un Allemand ou une femme Roumaine pourraient reconnaître cet enfant, en France malgré l'art. 335 ; c'est ici qu'intervient l'exception tirée de l'ordre public, sur laquelle nous devons donner quelques détails.

L'ordre public. — « Si l'Etat doit, en général, admettre sur son territoire, l'application des lois étrangères, en vertu des principes qui viennent d'être posés, il a, ceci n'est contesté par personne, le droit de se conserver et de se défendre, et, par suite, de repousser les lois qui contredisent les bases fondamentales sur lesquelles son organisation est assise et qui sont la garantie la plus solide des droits individuels dont la protection lui est confiée. Deux intérêts étant en opposition, d'une part l'intérêt de la société locale, c'est-à-dire l'intérêt de tous, de l'autre l'intérêt d'un individu étranger, l'intérêt d'un seul, c'est ce dernier qui doit céder. » (Weiss pg. 83, t. III, Traité théorique et pratique).

Il y a donc des cas où la loi territoriale seule est appli-

.cable,sans qu'on ait à tenir compte de la loi personnelle de l'étranger ; sur ce premier point,tout le monde est d'accord, mais le désaccord commence à la terminalogie : ainsi, d'après MM. Brocher, Weiss. Despagnet, cette exception s'appelle, l'ordre public international ; d'après M. Lainé, ordre public absolu ; d'après M. Olivi, ordre public universel ; d'après M. Laurent, « lois d'intérèt général et de droit public » ; d'après M. Albéric Rolin, ordre public et général ; et enfin l'art. 14 du projet de révision du Code belge parle de droit ou d'intérêt social.

Ces divergence dans la terminologie résulte du fait admis par tout le monde, à l'exception de M. Pillet,qu'il y a deux ordres publics : un pour les nationaux seulement et un autre même pour les étrangers, tous les deux,dérivant de la même idée, l'intérêt général. Mais, tandis que les lois qui sont considérées comme d'ordre public interne ne sont pas toujours d'ordre public international ; celles qui sont considérées comme étant d'ordre public international sont a *fortiori* d'ordre public interne ; c'est dire que l'ordre public international comprend l'ordre public interne.

Mais quelles sont les lois d'ordre public international ?

C'est la très grande difficulté de la matière, on ne donne ni une définition ni une énumération complète, mais on se contente de fournir des exemples.

M.Weiss considère comme un point hors de discussion, que sont d'ordre public international : 1° les lois de droit public, parmi lesquelles il comprend les lois qui président à l'organisation de la propriété foncière ; que 2° et en second lieu, les lois ayant un caractère pénal sont rangés dans la même catégorie.

Mais en dehors de ces lois qui ne nous intéressent pas, à quel signe reconnaîtra-t-on les lois de droit privé qui sont d'ordre public international ?

Sera-t-ce d'après leur forme facultative ou impérative ? Il est évident que non, car s'il est vrai qu'une loi facultative ne sera pas d'ordre public international, il n'est pas du tout exacte qu'une loi impérative doive forcément revêtir ce caractère, car il est possible qu'elle ne concerne que les nationaux, c'est-à-dire qu'elle soit d'ordre public interne.

M. Weiss, conclut que c'est au juge à apprécier si une loi est ou non d'ordre public international, et pour cela, il devra toujours tenir compte du but du législateur, sans se laisser influencer par son opinoin personnelle.

M. Weiss, explique cette latitude, laissée au juge, par le caractère essentiellement mouvant de l'ordré public international. « La notion de l'ordre public international est donc contingente : elle subit la loi du temps et du milieu, et il serait fâcheux qu'elle fut condamnée à l'immobilité, par une définition législative qui serait nécessairement imparfaite. » (Weiss, p. 96, t. III).

M. Despagnet se place au même point de vue dans le Journal de Droit International Privé 1889.

« Pas un critérium ne nous est fourni, dans aucune législation, pour déterminer qu'elles sont les règles d'ordre public. Ce n'est que, par une analyse particulière des dispositions de la loi, en appréciant les intentions du législateur et en tenant compte des idées générales qu'il a consacrées comme base de l'organisation de la société dans son pays, que l'on peut juger leur véritable caractère » p. 6.

C'est donc au juge à analyser les lois, «mais cette initiative ne saurait aller jusqu'à lui permettre de critiquer l'esprit de la loi elle-même et de s'inspirer de ses sentiments personnels pour décider que le législateur a tort d'écarter sur un point l'application de la loi étrangère, sous prétexte que cette loi vaut mieux que la loi territoriale ou que l'ordre public, contrairement à ce que pense cette dernière, n'est pas en cause » p. 18.

Et M. Despagnet conclut, p. 20 : « Aussi bien, ne faut-il pas se dissimuler que les idées personnelles des juges et des jurisconsultes auront, malgré tout, leur grande influence dans le plus ou moins d'étendue que l'on donnera à l'ordre public. »

Quant à M. *Pillet*, il n'admet pas la distinction entre l'ordre public interne et l'ordre public international ; pour lui il n'y a qu'un seul ordre public, qu'il appelle *national* et même local (p. 223, note *i*).

Il n'y a qu'un seul ordre public parce que celui-ci n'est que « l'application de certaines règles indispensables à la conservation de l'Etat » et par conséquent on ne comprend pas que l'ordre public existe au point de vue interne et n'existe pas au point de vue international (Pillet, p 221) ; quant aux dispositions que l'opinion générale considère comme d'ordre public interne. M. Pillet les appelle lois de *protection*.

Mais cette opinion, pas plus que les autres, ne résoud la question de savoir quelles sont à priori les dispositions d'ordre public, à part les lois *politiques, administratives* et *pénales* (p. 202 et 203).

« La conservation de l'Etat est menacée lorsque, de l'application d'une loi étrangère, il résulterait quelque danger, soit, pour son ordre matériel, soit, pour son ordre moral, soit, pour son ordre économique » (p. 204).

Pour savoir quelles sont les dispositions morales d'ordre public, il faut rechercher si la violation du principe compromet la sûreté de l'Etat.

« La violation du principe litigieux doit-elle entraîner après elle un scandale grave, si grave que l'on ait de justes raisons de craindre que l'équilibre moral de la société en soit détruit, on est en présence d'une loi d'ordre public : en toute autre hypothèse et si bien fondée, si utile que soit la loi, on n'a pas le droit de l'appliquer à l'étranger parce qu'il est possible que sa loi particulière soit à son égard fondée sur des bases plus sûres encore et que du reste l'application de cette loi ne menace en rien la sûreté de l'Etat » (p. 206).

Pillet : « De l'ordre public en droit international privé ». Annales de l'enseignement supérieur de Grenoble, 1890.

M. Boisserie limite l'ordre public international aux dispositions : 1° du droit public, 2° à celles qui conservent l'intérêt des tiers (p. 168).

Boisserie, thèse de doctorat, Paris, 1888 : « De la notion de l'ordre public en droit international privé ».

Maintenant que nous avons étudié l'ordre public, demandons nous, si un Allemand peut reconnaître son enfant adultérin ou incestueux en France, malgré l'art. 335 C. C. ?

Tout le monde est d'accord pour décider que l'allemand ne le pourra pas, l'art. 335 étant d'ordre public international ; c'est là un axiome de droit international privé.

Il faut d'abord distinguer deux hypothèses : 1) la reconnaissance d'un enfant adultérin ou incestueux a eu lieu à l'étranger et l'enfant se prévaut de cette reconnaissance, pour réclamer, à son père, des aliments devant les tribunaux français ; et 2) la reconnaissance a lieu en France.

1) La reconnaissance ayant eu lieu dans le pays d'origine de l'enfant, sera-t-elle considérée comme valable par les tribunaux français ?

Non, dans une première opinion, car dit M. Weiss (p. 557, Traité Elém). « La loi française en effet, et, abstraction faite du scandale de la preuve, en défend le simple aveu comme contraire à l'ordre public international. » Même sens Audinet n° 576 ; Asser et Rivier p. 127. *Fiore* page 248 ; *Despagnet* n° 439 p. 447. Nous ne voyons pas en quoi l'ordre public français pourrait souffrir d'une reconnaissance adultérine ou incestueuse intervenue à l'étranger, nous n'apercevons pas davantage la raison de distinguer entre cette filiation ainsi constatée et celle qui résulte d'une action en désaveu, ou de l'anulation d'un mariage ; les raisons invoquées par ces auteurs n'auraient de valeur véritable que si la filiation adultérine ou incestueuse ne se trouvait jamais légalement constatée en droit français, mais nous avons vu que cette constatation était possible.

Voilà ce que dit M. de Bar cité par M. Albéric Rolin p. 281, n° 124 :

« L'efficacité d'une règle de droit étrangère, ou d'un rapport juridique étranger, ne sera pas nécessairement anéantie par le seul fait que nos lois ou notre doctrine juridique rejettent cette loi ou ce rapport de droit. Il faudra toujours examiner, si *l'action effective* du principe ou du

rapport de droit en question, en tant que cette question
doit se produire dans le ressort de notre organisation
juridique, est en contradiction avec notre ordre social, ou
avec les principes de morale admis chez nous. Il importe
de rappeler ici qu'un rapport juridique n'a pas exclusive-
ment effet dans un seul territoire, mais peut se ramifier et
étendre ses effets dans des territoires juridiques divers.
Le seul droit que nous puissions jamais avoir, c'est de
considérer comme inexistants, de trancher et de supprimer
ces rameaux et ces rejetons qui se produisent sur notre
territoire ; le tronc qui se trouve dans le ressort d'une autre
souveraineté échappe à notre action ; et si le rameau ou le
rejeton qui surgit, sur notre sol, n'est pas de nature à produire des effets nuisibles. Ce serait une erreur et une injus-
tice que de le trancher, sous prétexte que le tronc ne serait
pas toléré dans notre pays. »

Cette distinction du jurisconsulte allemand s'applique, à
la lettre, à notre situation;nous l'adoptons et concluons que
la reconnaissance d'un enfant adultérin ou incestueux,faite
par un allemand, en Allemagne, devra être considérée
comme valable par les tribunaux français et servir de titre
à une demande d'aliments.

Voir dans ce sens Albéric Rolin, t. II, nº 618, p. 145 ;
de Vareilles-Sommières, t. II, nº 845, p. 131 ; Pillet, op. cit.
p. 231.

2). Reconnaissance adultérine ou incestueuse faite, en
France,par une femme roumaine ; elle devra être inexistante
d'après l'opinion générale.

« La disposition de l'art. 335 du C. c., qui prohibe une
semblable reconnaissance, est inspirée par l'intérêt de

l'Etat, par le souci des mœurs et de la décence publique qui souffrirait de l'aveu de relations criminelles. » Weiss, p. 559; Despagnet, n° 433; Rolin, n° 618, p. 145. Il est inutile de citer d'autres auteurs, car ils sont tous d'accord sur ce point. Malgré la grande autorité de tous ces juris-consultes, nous ne sommes pas convaincus et voici quelles sont nos raisons :

Le Code civil français prohibe le mariage entre oncle et nièce, beau-frère et belle-sœur ; mariage qui est permis d'après le C. c. allemand par ex. Nous demandons si un oncle et une nièce allemands peuvent se marier en France sans dispense du chef de l'état français.

1) Dans une première opinion, ce mariage est impossible; car dit M. Weiss, pg. 426, t. III. « C'est par des considé-rations physiologiques ou morales que le législateur fran-çais s'est laissé guider en les édictant ; elles ne perdent rien de leur valeur, quand il s'agit d'étrangers présents sur notre territoire, dont le mariage, bien qu'autorisé peut-être par leur loi nationale, serait un défi à la conscience publi-que et aux mœurs françaises », même sens Aubry et Rau, t. 1, p. 96 ; Fiore, p. 184 ; Brocher, t. I, p. 278 ; Despa-gnet, n° 397, p. 411 ; Vareilles-Sommières, n° 832, p. 125 ; la circulaire du Garde des sceaux, du 10 mai 1824.

2) Dans une autre opinion, que nous suivrons, ce mariage est possible, sans dispense du chef de l'Etat français. « Peut-on considérer comme contraire à notre ordre public, aux bonnes mœurs belges, une loi étrangère qui autorise ses ressortissants à se marier sans dispense ? Cela nous paraît inadmissible. Ce que le pouvoir exécutif peut faire en Belgique, en vertu d'une délégation du législateur, sans

froisser nos bonnes mœurs, sans heurter notre ordre
public pour relever les belges de leur incapacité, pourquoi
la loi personnelle d'un étranger ne pourrait elle pas le faire,
en ce qui concerne cet étranger, sans heurter davantage
notre ordre public ? » Albéric Rolin, n° 567, p. 68, t. II.

Il est vrai que cet auteur distingue, entre les empêchements absolus et relatifs, il appelle absolus les empêchements qui forment un obstacle inévitable au mariage comme
les liens de parenté qui unissent le père à la fille, le frère à
la sœur ; et relatifs ceux qui peuvent être levés par une
dispense, comme dans l'hypothèse où il s'agit de l'oncle et
de la nièce ; du beau-frère et de la belle-sœur.

Mais la différence ne présente aucun intérêt pratique car
aucune législation ne permet le mariage entre ascendants
et descendants, ni entre collatéraux au second degré.

La conférence de la Haye, 1893, dans l'art. 2 de son
projet de traité international sur le mariage, a admis cette
dernière opinion, avec la même distinction :

« La loi du lieu de la célébration peut interdire le mariage
des étrangers qui seraient contraire à ses dispositions concernant : n° 2 les degrés de parenté ou d'alliance pour
lesquels il y a une prohibition absolue ».

Quant à Laurent, il distingue, comme toujours, entre la
théorie et le droit positif, il admet, en théorie, le mariage
contracté en France entre oncle et nièce allemands, sans
dispense, et il adopte la distinction de Montesquieu entre
l'inceste naturel et civil, mais il dit que, dans l'état actuel du
droit français, ce mariage devra être déclaré nul et compte
sur les traités qui pourront déroger à cette rigueur excessive. (Laurent t. IV n° 295).

Nous avons donc admis que le mariage entre l'oncle et

la nièce allemands sera valable en France-même sans dispense, et cela parce que la morale publique n'en souffrira pas ; dès lors, si les enfants issus de ce mariage sont considérés comme légitimes, les enfants nés de ces individus en dehors du mariage seront considérés comme naturels simples et, à ce titre, pourront être reconnus en France, quoique, d'après le Code civil Italien, ils soient incestueux. Je ne vois pas comment on arriverait à séparer les deux questions et à considérer les enfants, issus du mariage, comme légitimes, tandis que les enfants nés en dohors du mariage seraient réputés incestueux ; car de deux choses l'une : ou bien c'est la loi nationale qui s'applique et les enfants sont soit légitimes soit naturels simples ; ou bien c'est la loi locale et alors, les enfants sont toujours incestueux.

On nous répondra peut-être que si le mariage entre oncle et nièce est permis, c'est en vertu d'une dispense tacite, d'où la conséquence que l'enfant né en dehors du mariage de ces personnes sera incestueux et par conséquent tombera dans l'application de l'art. 335.

Nous ne voyons pas très bien comment il peut y avoir dispense tacite dans l'hypothèse du mariage entre oncle et nièce et nous ne comprendrions cette dispense que dans l'hypothèse suivante : supposons, par exemple, que la loi française ait accordé une dispense au mariage de l'oncle et de la nièce français, mais seulement dans des cas déterminés et prévus d'avance par la loi, et toujours avec dispense expresse ; on comprendrait dans ce cas, l'idée d'une dispense tacite au profit des étrangers (auxquels la loi personnelle permet le mariage) qui se trouveraient dans les hypothèses prévues par la loi française et dont le mariage serait valable sans dispense par la seule application de leur loi personnelle.

Mais tel n'est pas le système du code français qui, dans chaque espèce, réserve au pouvoir exécutif le droit d'examiner les raisons qui militent en faveur du mariage. « A la vérité, il réserve à l'autorité le droit d'accorder des dispenses ; mais c'est encore dans une vue d'intérêt général : il peut arriver,en effet,que, dans certains cas exceptionnels le mariage prohibé soit plus utile que nuisible, et en le rendant possible, moyennant l'obtention de dispenses, la loi a en vue le bien de l'Etat. (Weiss, p. 426, t. III.)

Nous ne croyons donc pas qu'on puisse faire intervenir ici l'idée d'une dispense tacite ; nous pensons au contraire, qu'il y a là, en réalité, une simple application des principes de droit international privé. On applique la loi personnelle sans que l'ordre public international intervienne.

Nous ne voyons pas quelles autres raisons on pourrait donner pour expliquer la différence entre les enfants issus du mariage et les enfants naturels, à moins que l'on invoque la faveur spéciale dont jouit le mariage. Cela reviendrait à dire que le législateur français encourage le mariage des étrangers de passage ; ce qui est évidemment faux.

Nous concluons donc que l'enfant né en dehors du mariage, d'un oncle et g'une nièce allemands devra être considéré comme naturel même par les tribunaux français et que sa reconnaissance est possible en France.

Mais si cet enfant qui, d'après la loi française est incestueux peut être reconnu sans que la morale sociale en souffre, il est évident que l'enfant né en dehors du mariage d'un oncle et d'une nièce de nationalité roumaine, enfant considéré comme incestueux par le C. c. roumain, mais dont la reconnaissance est permise, pourra aussi être reconnu en France malgré l'art. 335 ; car si l'ordre public international ne s'oppose pas à la première reconnaissance, il ne peut pas davantage s'opposer à la seconde ; en effet, de deux choses l'une : ou bien on applique la loi locale et alors les enfants, dans les deux cas, sont incestueux et tombent sous l'application de l'art. 335, ou bien on se reporte à la loi nationale, et alors, la reconnaissance sera toujours permise, dans le premier cas, parce que l'enfant est naturel, dans le second parce que, quoique incestueux, la reconnaissance en est permise.

Cette conséquence nous paraît fatale et nous ne voyons pas quelle raison on pourrait donner, pour séparer les deux cas ; en effet, on ne peut pas dire que si la reconnaissance de l'enfant, issu du commerce de l'oncle et de la nièce de nationalité allemande, est permise, c'est que cet enfant est considéré par la loi personnelle comme *naturel simple* ; tandis que le même enfant, issu de parents roumains, est considéré par sa loi comme incestueux et, à ce titre, tombe sous l'application de l'art. 335.

Cette objection reviendrait à demander si, pour déclarer qu'un enfant est incestueux, il faut se référer aux dispositions de sa loi nationale sur ce point.

Ce serait donc faire intervenir une loi étrangère, dans la définition de l'ordre public international, qui résulterait ainsi de la combinaison des deux lois à la fois ; ce qui est évidemment inadmissible ; car l'ordre public ne se prête pas à une telle interprétation, le caractère de l'ordre public est d'être absolu, c'est-à-dire de repousser sans aucune distinction, toute loi étrangère qui porterait atteinte à un intérêt général quelconque, et de rendre applicable la loi locale seule et sans distinction ; tel est bien le caractère des lois pénales et des lois de droit public.

Voyez, d'ailleurs, ce qui résulterait de la combinaison de deux lois : supposons un enfant né, en dehors du mariage, de deux cousins germains roumains et qui est incestueux d'après le C. C. Roumain, cet enfant est né en France et on demande à le reconnaitre :

Si vous appliquez la loi nationale, la reconnaissaece sera valable, car le C. C. Roumain admet lr reconnaissance des enfants incestueux.

Si vous appliquez la loi locale, la reconnaissance sera encore valable, car l'enfant est naturel d'après le C. C. Français.

Au contraire, si vous combinez les deux lois, la reconnaissance sera inexistante, car l'enfant est incestueux d'après le C. C. Roumain, et C. C. F. prohibe cette reconnaissance.

Encore une fois, il faut choisir entre les deux lois : si vous appliquez la loi locale, en faisant intervenir la notion de l'ordre public international, l'enfant sera toujours considéré comme incestueux et tombera sous l'application de l'art. 335 ; si, au contraire, vous invoquez la loi personnelle, la reconnaissance sera toujours possible, dans le premier cas, parce que l'enfant est naturel, dans le second parce que, quoique incestueux, la reconnaissance est permise.

Nous concluons que l'enfant incestueux, de deux étrangers, pourra être reconnu, en France, si leur loi personnelle le permet, ce qui revient à déclarer que l'art. 335 n'est pas d'ordre public international.

Peut-on dire que le résultat de notre opinion est absurde, car il conduit à admettre la reconnaissance même de l'enfant issu du commerce du père et de la fille ou du frère et de la sœur ?

Je ne le crois pas, car ce serait rendre responsables les législations étrangères d'un cas déplorable qu'elles n'ont pas prévu ; le C. C. Fr., en accordant, à ces malheureux enfants, des aliments, a-t-il prévu le cas d'un enfant issu du commerce du père et de la fille ? Je ne le crois pas, mais dans tous les cas, la question est la même.

Jusqu'ici nous n'avons parlé que des enfants incestueux, mais il est évident que la même solution doit être admise, en ce qui concerne les enfants adultérins ; les deux questions ne peuvent pas être séparées, car, dans l'esprit du législateur Français, ces deux catégories d'enfants sont étroitement liées et les raisons qui justifient l'art. 335 sont les mêmes, dans les deux cas.

Or, pour déterminer si une disposition du C. C. est d'ordre public international, ce sont les motifs qui ont fait édicter la loi qu'il faut consulter, telle est du moins l'opinion générale. La solution doit donc être identique dans les deux cas.

De peur que l'on adresse à la théorie que nous venons d'exposer sur l'art. 335 le reproche d'être partie d'un principe très contestable pour arriver à une solution inadmissible, nous demandons la permission d'insister sur les raisons de notre opinion.

1. — Il est vrai que notre point de départ, la question du

mariage entre oncle et nièce, beau frère et belle-sœur est très-discutée et que la majorité des auteurs sont d'avis contraire, mais nous ne nous contentons pas d'invoquer simplement l'autorité de la conférence de la Haye, de Laurent, d'Albéric Rolin, nous allons plus loin et croyons que cette question ne peut pas être séparée de celle de l'empêchement au mariage résultant de l'âge et que si on décide que deux sujets Espagnols âgés de 14 et 12 ans peuvent se marier en France sans dispense du chef de l'Etat Français, on doit décider que deux sujets Allemands, oncle et nièce, peuvent aussi se marier sans dispense ; car, si l'ordre public ne souffre pas dans le premier cas, il ne souffrira pas davantage dans le second ; pourtant, l'opinion générale sépare les deux questions.

M. Weiss, tout en admettant pas le mariage entre oncle et nièce, admet le mariage entre deux sujets espagnols de 14 à 12 ans, et voici quelles sont ses raisons :

« La maturité des forces physiques et de l'intelligence variant avec les races et les climats, étant plus ou moins précoce suivant la lattitude, la loi personnelle des futurs a seule la compétence nécessaire, pour mesurer le degré de capacité qu'il est possible de leur assurer. Lorsqu'elle les déclare capables de consentir au mariage et d'en réaliser la fin, l'intérêt de l'état sur le sol duquel elle est invoquée demeure sauf ; elle se borne, en effet, à constater que le développement ce ceux qu'elle gouverne est plus hâtif que ceux des autres peuples, que l'espagnole de 12 ans est aussi apte au mariage que la française de quinze » (Weiss p. 418 t. III. Traité théorique et pratique).

Mais il nous semble que ce que M. Weiss dit de l'empêchement résultant de l'âge, s'applique à la lettre à l'empêchement résultant de la parenté ou de l'alliance.

Les considérations qui ont fait prohiber, en France, le mariage entre parents ou alliés, sont les unes : physiologiques ; les autres, morales : plaçons nous tout d'abord, au point de vue des considérations physiologiques. La loi personnelle, ayant seule compétence pour déterminer l'âge où ses sujets sont aptes au mariage ; il nous semble évident qu'elle doit avoir compétence, aussi, pour décider si le mariage entre consaguins aura pour résultat la dégénérescence de la race. Remarquons d'ailleurs que la loi française n'est nullement intéressée aux conséquences de ces mariages.

Quant aux considérations morales, c'est encore, à notre avis, la loi personnelle qu'il faudra consulter, car autrement, étant donné la diversité des législations civilisées, sur ce point, on devrait dire que la loi française seule a le monopole de la morale. Donc, en principe, il n'y a aucune raison de distinguer entre les empêchements au mariage résultant de l'âge et les empêchements résultant de la parenté ou de l'alliance ; l'opinion adverse se borne à affirmer seulement que la morale sociale en France souffrira du mariage entre parents et alliés et qu'elle ne souffrira pas du mariage entre enfants de 12 et 14 ans ; nous avouons ne pas comprendre la raison de cette différence.

Nous ne prétendons pas que le mariage entre oncle et nièce ne blessera pas la morale publique française; mais si ce mariage la blesse, le mariage entre sujets étrangers de 14 et 12 ans la blessera tout autant ; la différence ne se comprendrait que si le législateur français, en exigeant l'âge de 18 et 15 ans, ne s'était préoccupé que de la procréation comme but du mariage; mais cela est faux, car il certain que le législateur a tenu compte aussi de toutes les autres charges qu'entraîne le mariage et qui constituent les devoirs des époux entre eux, et la preuve, c'est que le législateur n'a pas fixé de limite d'âge après laquelle le mariage ne serait plus possible.

En exigeant donc l'âge de 18 et 15 ans, le législateur à pensé que cet âge supposait un état de développement intellectuel suffisant pour que les futurs époux puissent comprendre la gravité de l'acte qu'ils vont accomplir et se rendre compte de l'étendue des charges du mariages.

Et s'il est incontestable qu'un Espagnol de 14 ans est physiquement plus développé qu'un Français de même âge et peut-être qu'un français de 18 ans, il serait évidemment excessif de prétendre que ce même espagnol de 14 ans ait aussi l'intelligence plus développée qu'un français du même âge ou qu'un français de 18 ans, et on peut très bien soutenir que le mariage, entre sujets espagnols de 14 et 12 ans, est une parodie du mariage, tel qu'il a été compris par le législateur français et que, par conséquent, il semblerait qu'il ne doive pas pouvoir être célébré en France sans dispense.

(Voir, dans ce sens, les circulaires ministérielles du 10 mai 1824 et du 20 avril 1832, qui obligent les étrangers n'ayant pas atteint l'âge fixé par le C. c. de justifier d'une dispense du chef de l'Etat français, quoique leur loi personnelle les considère capables).

Nous croyons cependant que c'est avec raison que l'opi-

nion générale admet deux étrangers, âgés de 14 et 12 ans,
à contracter sans dispense mariage en France, mais nous
pensons de plus, que pour être logique, elle devrait adopter
la même dension pour le mariage entre parents ou alliés,
car les deux questions sont intimement liées.

II. — Une autre raison qui nous a poussé à admettre la
reconnaissance des enfants incestueux ou adultérins, en
France, est l'inconséquence de quelques auteurs.

Il n'y a rien à dire de l'opinion de M. Weiss, car, n'admettant pas le mariage entre parents ou alliés, elle échappe
à tout reproche, sauf, à notre avis, la distinction entre les
divers empêchements au mariage.

Quant à M. Albéric Rolin, nous ne comprenons pas du
tout son opinion ; car après avoir déclaré que le mariage
entre parents ou alliés est admis en France, arrivé à
l'art 335, il dit, sans aucune distinction, que cet article est
d'ordre public absolu. Est-ce parce que dans son opinion
l'enfant né, en dehors du mariage de ces individus est naturel et peut être reconnu, — ou bien parce qu'il distingue
entre le mariage et les unions libres ? Nous ne savons pas
au juste, mais il aurait bien fait de s'expliquer. Nous aimons
à croire que si son opinion est spéciale au mariage, ce n'est
pas, parce que le législateur belge est favorable au mariage
des étrangers de passage en Belgique, et nous croyons, au
contraire, que si l'ordre public international ne s'oppose
pas à ce mariage, a fortiori, ne doit-il pas s'opposer à la
reconnaissance de l'enfant, né en dehors du mariage de ces
mêmes individus ; car l'ordre public international, en empêchant le mariage prévient le scandale et ses suites, tandis
que le même ordre public en empêchant la reconnaissance

ne prévient aucun scandale, puisque l'enfant est déjà né, et n'aura que l'effet absurde de rendre l'enfant responsable de ce que le hasard l'a fait naître en France ou en Belgique, qui sont les seuls pays où la reconnaissance d'un enfant adultérin ou incestueux soit prohibée d'une manière absolue.

Quant à Laurent, son opinion, dans cette matière, est tout à fait incompréhensible, pour nous. Il admet d'abord que la recherche de la paternité est permise en France parce que « la prohibition absolue du Code civil est la violation du plus sacré de tous les droits, du droit que l'enfant tient de la nature et de Dieu ». Sans discuter la valeur de cette raison, il faut remarquer que c'est la seule et qu'elle s'applique, à la lettre, à la reconnaissance des enfants adultérins ou incestueux ; pourtant Laurent dit que l'art. 335 est d'odre public international et il fait de vains efforts, à notre avis, pour expliquer la différence entre les art. 335 et 330 ; le législateur ne veut pas, dit-il, que l'infamie « qui souille une famille soit mise au grand jour ». Au contraire, la filiation naturelle n'a rien d'infamant pour les mœurs, la reconnaissance étant « une première réparation du mal et elle est souvent suivie d'une réparation plus éclatante : le mariage subséquent des père et mère efface la tache de la naissance et met l'enfant légitimé sur la même ligne que l'enfant légitime. »

Cette différence pourrait avoir une certaine valeur, si l'auteur avait donné une autre raison pour admettre la recherche de la paternité en France, malgré l'art. 340, mais, étant donné que sa seule raison est que l'art. 340 viole le droit le plus sacré de l'enfant, il est évident que cette raison peut servir aussi à la reconnaissance adultérine et in-

cestueuse avec un argument en plus : c'est que cet article
335 viole, non seulement, le droit le plus sacré de l'enfant,
le droit d'être reconnu, mais il viole encore le droit le plus
sacré du père : celui de reconnaître son enfant ; nous ne
croyons pas que la raison de Laurent soit suffisante, à
faire admettre la recherche de la paternité, en France,
mais, dès lors qu'elle lui suffit, il y a quelque inconséquence
ds sa part à distinguer entre les deux art. 340 et 335.

Mais admettons que cette distinction soit fondée, même
dans ce cas, l'opinion de Laurent n'a aucune valeur dans
le débat.

Nous avons dit que de la contradiction évidente entre les
art. 335 et 342 d'une part et les art. 762 et 908 d'autre
part, avait donné naissance à une difficulté, et qu'une opinion très accréditée et qui présente des avantages pratiques considérables, explique l'art. 335 de la manière
suivante : C'est que l'officier public n'acceptera pas la
reconnaissance, mais une fois acceptée, la reconnaissance
produira tous ses effets, et M. Laurent soutient cette
opinion.

En outre, il résulte des principes du droit international
privé, que la reconnaissance, faite en France, par acte sous
seing privé, devra être considérée comme valable, malgré
l'art. 334, et cette opinion est admise aussi par *Laurent*
qui envisage la question comme une question de capacité
(dans notre opinion ce n'est là qu'une application du caractère facultatif de la règle, *Locus regit actum*.

De ces deux prémisses, il résulte que la reconnaissance
d'un enfant adultérin ou incestueux faite par un étranger
en France sera toujours valable, car toutes les législations,

sans exception, qui admettent la reconnaissance de ces enfants, se contentent d'un acte sous seing privé, on peut même dire que tout conflit est ici impossible, car la seule législation qui exige un acte authentique pour la validité de la reconnaissance, est la loi belge qui, elle, n'admet pas la reconnaissance des enfants incestueux ou adultérins.

Toutes les autres législations se contentant d'un acte sous seing privé, d'un testament olographe ou mystique de la possession d'état ou de l'acte de naissance, la filiation adultérine et incestueuse qui résultera d'un de ces actes sera toujours valable, dans l'opinion de M. Laurent, et l'art. 335 n'aura qu'un seul résultat. ce sera de ménager la conscience de l'officier public français.

Et, cette opinion est très sérieuse, car elle est enseignée par de grandes autorités comme Merlin, Rép., t. XVI, v° Filiation, n°s 20-22 ; Toullier, t. II, n°s 767-969 ; Valette sur Proudhou, t. II, p. 155-158, et présente de plus des avantages considérales.

III. La dernière raison qui nous fasse admettre la reconnaissance, en France, d'un enfant incestueux ou adultérin étranger, est tirée du système défectueux du C. C. Fr. en cette matière ;

Le législateur français a voulu, en punissant les enfants, prévenir la faute des parents.

Punir l'enfant d'une faute dont il n'est nullement responsable, est une absurdité qui n'a pas besoin d'être démontrée, et nous comprendrions, plus facilement, une législation qui, par amour du bon ordre, irait jusqu'à guillotiner les individus, coupables d'adultère et d'inceste, que la législation française, qui, tout en ne punissant pas l'inceste en droit et

l'adultère en fait, punit seulement les enfants qui sont irres-
ponsables.

Le législateur a voulu en outre prévenir l'inceste et l'adultère, mais son but a été complètement manqué, car le
moyen était mauvais.

Les raisons qu'on donne pour justifier l'article 335 sont
nombreuses et fausses. Nous croyons inutile de les discuter ici ; celle qui nous paraît la plus sérieuse c'est celle
donnée par Bigot-Préameneu : « Flétrir la violation du saint
nœud du mariage c'est l'honorer de la manière la plus
utile », à laquelle on peut ajouter une autre raison du
Premier Consul dans la séance du Conseil d'Etat du 26
Brumaire an X : « L'Etat n'est pas intéressé à ce qu'il y ait
des bâtards ».

Ces raisons, si elles sont vraies, n'ont de la valeur que
pour les nationaux.

Nous avons dit que l'opinion générale considère l'art. 335
comme d'ordre public absolu, il faut toutefois excepter
M. Brocher. Mais comme nous ne savons pas au juste
qu'elle est l'opinion exacte de l'auteur et craignant de la
dénaturer, nous aimons mieux le citer :

« Devrait-on refuser de recevoir en France un tel acte
de reconnaissance (art. 335) autorisé par la loi personnelle
de celui qui veut en le bénéfice ? »

« Il nous serait difficile de ne pas en douter : il n'y a pas
de texte, tout se réduit à une appréciation d'effet moral susceptible de varier avec le cours des idées qui deviennent
de plus en plus tolérantes. Le scandale qu'on pourrait
craindre ne se produirait guère de nos jours, parce qu'il
s'agit de questions fort contestables en elles-mêmes ».

« Nous inclinons à penser que ces derniers scrupules subiront le sort de ceux qu'on éprouvait au sujet de la célébration d'un nouveau mariage contracté par un époux divorcé. »

(*Brocher*, t. I, p. 325).

Nous allons même plus loin et nous avouons ne pas comprendre l'opinion générale : étant donnée la manière de voir de quelques grands jurisconsultes (Merlin, Toullier, Valette, Laurent), qui considère l'article 335 comme s'adressant simplement à l'officier public et applique les articles 856 et 908, dès que la reconnaissance a été reçue, peut-on considérer l'article 335 comme d'ordre public international sans aucune distinction ?

Nous voulons bien admettre que l'opinion de Merlin soit très discutable en droit français, mais par cela seul qu'elle a été enseignée par le plus grand jurisconsulte français, ne devrait-on pas faire quelques réserves, en décidant que l'article 335 est d'ordre public international ?

Pour nous cette opinion prouve avec évidence que si la reconnaissance des enfants adultérins et incestueux est prohibée en droit français, ce ne peut être que parce que l'article 335 s'y oppose, mais non pas parce que la morale publique en souffrirait.

Or, il ne suffit pas qu'il y ait un texte pour qu'il soit applicable aux étrangers, il faut de plus que ce texte soit imposé par une raison supérieure, dans notre cas par un principe de morale, qui, croyons-nous, fait défaut.

Du reste il faut remarquer qu'en droit international privé la question n'est pas aussi simple qu'en droit interne.

Les derniers auteurs de droit international privé admettent avec raison, croyons-nous, que la reconnaissance d'un enfant adultérin ou incestueux, intervenue dans un pays où elle est admise, sera valable, même pour les tribunaux français, malgré l'art. 335.

Des principes du droit international privé, il résulte que cette reconnaissance sera valable, même si elle est contenue dans un acte sous-seing privé.

Or, comment saura-t-on qu'une reconnaissance sous-seing privé a eu lieu en Allemagne ou en France?

Mais même si on admet que l'article 335 s'applique aux étrangers en principe, en pratique il n'a aucune importance. En effet, tout le monde admet que la reconnaissance peut se faire par procuration authentique. Donc la femme roumaine ayant un enfant incestueux en France peut le reconnaître par procuration en Roumanie ; reconnaissance qui sera considérée comme valable par les tribunaux français, comme ayant eu lieu en Roumanie.

CHAPITRE VI

La recherche de la paternité.

DROIT FRANÇAIS, (art. 340). — En principe la recherche de la paternité est interdite, elle n'est permise que dans un cas exceptionnel. « La nature dit Bigot-Préameneu, a couvert d'un voile impénétrable la transmission de notre existence » à cette raison, qui à elle seule ne suffirait pas, on ajoute le scandale d'une pareille procédure et les abus auxquels cette action donnerait naissance si elle était admise.

« L'homme dont la conduite était la plus pure celui qui avait blanchi dans l'exercice de toutes les vertus, n'était pas à l'abri de l'attaque d'une femme impudente ou d'enfants qui lui étaient étrangers » (Bigot-Préameneu).

Et Lahary « Combien une loi qui prohibe la recherche aurait puissamment influé sur nos mœurs il y a un demi-siècle! Et pourquoi faut-il que nous ayons à regretter qu'elle n'ait été promulguée que de nos jours. »

La recherche de la paternité est interdite aussi bien à l'enfant, que contre lui, à l'effet de réduire les libéralités, (op. générale).

Le cas exceptionnel dans lequel cette recherche est permise, c'est le rapt quand l'époque de la conception se rapporte à celle de l'enlèvement et même dans ce cas la déclaration de paternité est facultative pour les juges.

Tout ce que la loi exige c'est un déplacement par violence, suivi d'une séquestration plus ou moins longue, que la femme soit majeure ou mineure et sans que le fait de l'enlèvement soit puni par le C. pénal, (op. générale).

Qu'est-ce qu'on entend par rapt de l'art. 340 ?

Dans une opinion soutenue par de grands jurisconsultes, c'est aussi bien le rapt de violence que le rapt de séduction, les travaux préparatoires ne prouvant pas que le rapt de violence ait été seul prévu ((Demante, t. II, nᵒ 69 bis V ; Demolombe, nᵒ 490 ; Valette sur Proudhou, t. II, p. 137, note a, 1 ; Duvergier sur Foullier, t. II, nᵒ 941, note a).

Mais cette idée de rapt de séduction ne s'applique pas à la femme majeure qui est libre de choisir son domicile. Dans une autre opinion, l'art. 340 ne prévoit que le rapt de violence et cela à cause de la . séquestration, disent MM. Aubry et Rau, et dans le rapt de séduction la séquestration n'est pas indispensable. (Aubry et Rau, t. IV, p. 70, Ed. 3ᵉ ; Laurent).

Quoique l'art. 340 ne parle que du rapt, il comprendrait d'après une opinion le seul fait du viol, car dit Demaute, le viol est un rapt momentané (Demante, Demolombe) contrà (Aubry et Rau ; Ducauroy-Bonnier et Roustáin, t. I, art. 340, nᵒ 498).

Pour déterminer la coïncidence entre la conception et l'enlèvement, tous les auteurs se réfèrent aux présomptions des art. 312, 314 et 315. (Voir en sens contraire *Laurent,* t. IV).

LÉGISLATION COMPARÉE. — Le C. c. belge, roumain et la loi polonaise de 1825, ont suivi à la lettre l'art. 340. Le

Swod en Russie n'en parle même pas, donc il interdit la recherche de la paternité. Le Code civil *Italien* admet le principe du C. c. fr. avec la même exception, en mentionnant expressément le cas de *viol* (art. 189).

Le Code civil *Espagnol* (art. 135) ;

« Le père est tenu de reconnaître l'enfant naturel dans les cas suivants :

1° Quand il existe un écrit émané certainement de lui et reconnaissant expressément sa paternité ;

2° Quand l'enfant se trouve en possession continue d'état d'enfant naturel du père qu'il réclame, et qu'il la justifie par des actes émanés de ce père ou de sa famille ;

Dans les cas de viol, d'attentat et de rapt, on se conformera aux dispositions du Code pénal pour la reconnaissance de l'enfant ».

Le Code civil *Portugais*, ne fait que reproduire le C. c. espagnol.

Les législations allemandes admettent toutes en principe la recherche de la paternité, mais elles la soumettent à quelques conditions pour prévenir les scandales et les abus.

Code civil *Allemand.* — Art. 1717. « Est réputé père de l'enfant naturel dans le sens des arts 1708 à 1716 celui qui a cohabité avec la mère à l'époque de la conception, à moins qu'un autre n'ait également cohabité avec elle à cette époque. Néanmoins la cohabitation n'est pas prise en considération lorsque, d'après les circonstances, il est évidemment impossible que la mère ait conçu l'enfant par suite de cette cohabitation. Est réputé époque de la conception la période de temps comprise entre le 181e jour et le 302e jour avant celui de la naissance, y compris le 181e et le 302e jours. »

Le Code civil du canton des *Grisons*. — Art. 73. « La paternité du défendeur est prouvée : lorsque la demanderesse a fourni la preuve qu'il a eu avec elle, des relations sexuelles pendant la période écoulée du 300e jour au 220e avant la naissance, à moins que le défendeur ne prouve de son côté :

1) Qu'il est impuissant.

2) Que l'état physique de l'enfant ne répond pas de l'époque à laquelle la demanderesse fixe le moment de la conception.

3) Que la demanderesse a eu des relations sexuelles, aussi avec d'autres personnes pendant le temps indiqué.

4) Qu'elle a été femme publique ou qu'elle s'est prostituée à d'autres habituellement ».

Cette preuve peut se faire par tous les moyens et même par serment supplétoire, dit l'art. 74.

« 1° Que ses affirmations ne soient pas suspectes en elles-mêmes et qu'elles soient coroborées par d'autres circonstances par exemple : qu'elle ait fait connaître à temps sa grossesse au défendeur et que surtout au moment de l'accouchement, elle l'ait indiqué à d'autres personnes, comme l'auteur de sa grossesse.

2° Et qu'elle soit de bonne réputation. »

Le Code Civil du canton de Zürich admet également la recherche de la paternité mais avec certaines conditions.

Art. 701. — La demande en constatation de paternité doit être repoussée :

1° Lorsque le défendeur n'avait pas encore *seize* ans

révolus à l'époque où la femme prétend avoir été rendue grosse de son fait ;

2° Lorsque à la dite époque il était marié et que la femme en avait manifestement connaissance ;

3° Lorsque à la même époque la demanderesse était mariée ;

4° Lorsque antérieurement elle avait déjà désigné devant la justice de paix, ou devant le tribunal une autre personne comme l'auteur de sa grossesse, à moins qu'elle n'y ait été amenée par les menaces ou le dol du véritable auteur ;

5° Lorsque, dans les deux dernières années, elle a fait le métier de fille publique ou s'est livrée à des hommes à prix d'argent ;

6° Lorsque dans la même période elle a séjourné pendant un temps prolongé dans un lieu de débauche ou l'a fréquenté d'une manière suspecte ;

7° Lorsque, à raison de la vie licencieuse qu'elle mène, par exemple parce qu'elle a donné déjà le jour à plusieurs enfants naturels, ou bien à raison d'une condamnation pour adultère ou par le fait qu'elle a entraîné elle-même le défenseur à la débauche, la demanderesse parait indigne du droit de recourir aux tribunaux ».

Art. 702. — « En principe, un enfant né à terme ne doit pas être réputé avoir été conçu antérieurement à la 42e et postérieurement à la 38e semaine avant sa naissance ».

Le droit anglais admet la recherche de la paternité qui doit être intentée pendant la grossesse ou dans les 12 mois après l'accouchement. La femme n'était pas crue sur sa seule affirmation même corroborée par un serment, il faut des témoins ou un commencement de preuve par écrit.

Le père peut par tous les moyens combattre la prétention de la mère et particulièrement en prouvant qu'elle a eu des relations avec d'autres hommes.

Conflits. — Ici comme toujours on applique en principe la loi personnelle des parties quand elles ont la même nationalité. Mais si elles sont de différentes nationalités, quelle est la loi qui décide si la recherche de la paternité est permise ou non ? Est-ce la loi du père ou celle de l'enfant ?

M. Weiss dit que cette recherche ne peut avoir lieu que si les deux lois la déclare possible (p. 555).

M. Albéric Rolin s'attache à la loi du père parce que celui-ci joue le rôle du défendeur et que c'est à la loi de celui-ci qu'il faut s'en référer (Rolin, nº 619, t. II).

Nous avons admis en matière de reconnaissance volontaire qu'il ne fallait tenir compte que de la loi du père, nous nous contenterons donc ici de cette loi pour la même raison pratique.

De ce que la capacité des individus est régie par leur loi personnelle, il semblerait devoir résulter qu'un enfant même de nationalité allemande ne pourrait pas intenter une action en recherche de paternité contre son père Français en Allemagne, en dehors de l'hypothèse de l'art. 340, al. 2. Cette solution est admise par tout le monde, à l'exception de Fiore, qui prétend que la recherche de la paternité dirigée en Allemagne contre un italien sera valable même en Italie, et ses arguments sont très ingénieux :

D'abord un Italien ne pourra pas exciper de sa loi personnelle, si il est poursuivi en Allemagne par son enfant naturel, car cette action peut être considérée en Allemagne comme étant d'ordre public international ; une fois la paternité déclarée par le tribunal allemand elle sera constante même en Italie, dit M. Fiore, « parce que la reconnaissance qui résulte d'un acte authentique est valable, soit que l'acte ait été rédigé dans le but unique de la prouver, soit qu'il contienne accidentellement par des expressions simplement énonciatives la reconnaissance d'une manière non équivoque ».

Et plus loin : « Du principe que la recherche de la paternité n'est point permise chez nous, on ne peut déduire qu'elle ne doit pas être permise aux détriments d'un de nos concitoyens dans un pays étranger et que la déclaration du même fait par devant le magistrat du pays où il a été commis, ne constitue pas une reconnaissance authentique ».

Mais l'Italien pourra-t-il demander en Italie la nullité de la reconnaissance pour cause de violence résultant de l'action en recherche de la paternité ? Evidemment non, car les actions légalement exercées ne peuvent être considérées comme des actes de violence et elles étaient légales dans le lieu où elles ont été poursuivies dit M. Fiore, p. 251 ; mais il excepte toutefois le cas où la recherche de la paternité serait trop facilement admise.

Nous disons que le français ne pourra pas être poursuivi à l'étranger en reconnaissance de la paternité en dehors du cas de rapt, à moins toutefois que dans ces pays la recherche de la paternité ne soit considérée comme étant d'ordre public international — et c'est le système du Code civil du canton des Grisons.

Art 79. — « Si le défendeur appartient à un état étranger où il n'y a pas cette réciprocité, le tribunal même pendant le cours du procès, pourra le contraindre à fournir caution suffisante pour l'accomplissement des obligations qui pourront lui incomber envers les enfants de la mère et en cas de besoin pourra même mettre sous séquestre, ses titres et ses biens. »

Quant à la femme étrangère elle ne pourra intenter l'action dans ce canton, à moins de réciprocité, et dans les cas douteux, elle devra produire un certificat officiel de réciprocité (art. 78).

Laurent, t. V, p. 566, dit que la même chose arriverait en Angleterre, c'est-à-dire que la paternité pourra être recherchée contre un français, car les enfants naturels étant à la charge de la paroisse, les lois sur l'entretien des pauvres peuvent être considérées comme des lois de police et par conséquent d'ordre public. Il est évident que les tribunaux français considéreront cette reconnaissance comme inexistante et qu'elle ne pourra produire aucun effet en France en dehors du cas de l'art. 340, dern. alinéa.

Une recherche de la paternité intervenue en Allemagne, les parties étant allemandes, l'enfant se prévaut de cette déclaration judiciaire en France pour réclamer des aliments, les tribunaux français considéreront-ils comme valables le jugement étranger ?

On admet généralement l'affirmative et nous croyons que la question ne souffre aucun doute. « Ce que la loi française a voulu prévenir, c'est non pas l'aveu d'une paternité qu'une reconnaissance volontaire pourrait établir, mais un procès scandaleux, des investigations dangereuses pour la morale publique. Et du moment que ce procès, que ces recherches, ont eu lieu loin de nos frontières, l'ordre public international français est à l'abri de toute atteinte et nos tribunaux ne le blesseront en rien, s'ils font produire tous ses effets à la sentence de la justice étrangère. » (Weiss, pg. 557), même sens Laurent, t, V, p. 517 ; Asser et Rivier p. 127 ; Despagnet n° 436, p. 447 ; Albéric Rolin, t. II, n° 618, p. 145 ; Pillet, p. 231 ; Vareilles-Sommières, n° 844, pg. 131, t. II ; Pau, 17 janvier 1872, S. 1872, 2, 233).

Si un individu change de nationalité, c'est la loi d'origine qui détermine sa capacité à rechercher sa filiation naturelle, (Cass. 25 mai 1868, S. 68, 1, 365).

« Cette recherche de la paternité ne sera d'ailleurs possible que si elle est permise aussi par la nouvelle loi nationale, étant donné que la prohibition de cette recherche est d'ordre public. » (Despagnet, n° 437, p. 448) arrêt de la Cour de Paris, 2 août 1866 ; S. 66, 2, 342, affaire Brunswick).

Il ne reste qu'une question, mais qui est très difficile. C'est de savoir si l'art. 340 est d'ordre public international. C'est-à-dire si un enfant étranger pourrait intenter en France en dehors de l'art. 340, alinéa 2, une action en recherche de la paternité, contre un autre étranger, leurs lois personnelles les y autorisant. L'opinion générale considère l'art. 340 comme étant d'ordre public international et il n'y a que *Laurent* à notre connaissance qui admet le contraire, mais la raison qu'il donne et que nous avons eu l'occasion de voir plus haut est absolument insuffisante, car si l'on pouvait être tenté de permettre à un étranger d'exercer une pareille action ce ne serait certainement pas parce que l'art. 340 viole un des droits les plus sacrés de l'enfant, comme dit *Laurent*, t. V, p. 547-549, comparez : Brocher, t. I, p. 329 et 330, mais bien plutôt parce que la recherche de la paternité, telle qu'elle est admise par les différentes législations, ne blessera pas la morale publique française ; et c'est ce que nous allons essayer de démontrer :

L'opinion générale, nous l'avons dit, considère l'art. 340 comme étant d'ordre public international.

« L'art. 340 du C. c. français est une disposition d'ordre public international, ainsi qu'il ressort des motifs qui l'ont inspiré. En effet, le législateur a reculé devant les difficultés et le scandale d'une preuve toujours incertaine devant les spéculations immorales dont elle n'eût pas manqué d'être l'occasion. Or, ces difficultés, ce scandale, ces spéculations ne sont pas moins à redouter dans l'instance en déclaration de paternité introduite en France par un étranger, que dans celle dont un français aurait pris l'initiative. L'intérêt général repousse l'une comme l'autre, et l'art. 340 s'applique aux étrangers comme aux nationaux sur le sol français. » (Weiss. p. 556). Voir dans le même sens Despagnet, n° 434 ; *Bertauld*. Questions pratiques, t. I, n° 27, *Durand*, p. 345, *Fiore*, p. 247, Pillet, op. cit. Albéric Rolin, n° 618, p. 145. t. II ; Vareilles-Sommières, t. II, n° 844, p. 131. Paris. août, 1866. (S. 1866, 2, 342) ; Cass., 25 mars 1868 (S. 1868, 1, 365), Trib. *Pau*, 13 mai 1888 (Le Droit, 1888, 7 oct.). *Aix*, 27 mars 1890 (Journal, 1891, p. 210). « Attendu que l'art. 340 qui prohibe la recherche de la paternité tient essentiellement à l'ordre public,

qu'instruit par l'expérience du passé, le législateur moderne a dû sacrifier le désir d'atteindre le père coupable,
au besoin social d'écarter des procès scandaleux qui
seraient un danger pour la morale et une incessante
menace de la sécurité des familles » (arrêt du 25 mai 1868).

Nous croyons tout d'abord que la question, telle qu'elle
est envisagée par les auteurs, est mal posée ; car si on lit
avec attention le passage de M. Weiss, que nous venons
de citer, on voit que cet auteur met en présence l'art. 340
et une législation étrangère *diamétralement* opposée à cet
article, législation qui reproduirait exactement l'ancien
droit français, et qui, hâtons-nous de le dire, n'existe pas.
Nous ne pouvons pas nous expliquer cette manière de
voir, que par le caractère des ouvrages de la majorité des
auteurs, ouvrages, qui ne s'occupent que des principes
généraux de droit international et qui ne font qu'effleurer
les questions de détail.

Nous trouvons qu'il est mieux pour résoudre la question,
de mettre en présence d'un côté l'art. 340 et de l'autre les
différentes législations positives et non par une législation
purement théorique et diamétralement opposée au c. c. fr.
art. 340, qui n'existe pas. C'est ce que nous allons faire :

I. — Il y a d'abord le code civil Belge, Roumain, la loi
Polonaise de 1825 qui reproduisent exactement l'art. 340.
Donc pas de conflit possible avec ces législations ; et il en
est de même du *Swod* en Russie.

II. — L'art. 340 c. nap. : même dans le cas exceptionnel
où il admet la recherche de la paternité, donne un grand
pouvoir d'appréciation au juge, c'est-à-dire que même
dans ce cas la déclaration de paternité est facultative. Les

codes civils : Espagnol, Portugais, Italien, ne parlent pas de ce pouvoir d'appréciation. Nous en concluons, à tort peut-être, que dans ces législations il suffit qu'il y ait eu un rapt ayant coincidé avec la conception, pour que le juge soit forcé de déclarer la paternité du ravisseur.

Supposons une recherche de la paternité intentée en France contre un espagnol. Dans le cas de rapt par violence, le juge français jouira-t-il du pouvoir d'appréciation de l'art. 340, ou bien devra-t-il appliquer la loi personnelle de l'espagnol, qui dit que le défendeur sera déclaré père par le seul fait de rapt ?

Nous croyons qu'on doit appliquer la loi espagnole, car la disposition de l'art. 340, basée sur l'incertitude des résultats, s'explique par l'intérêt du *prétendu père*, et si celui-ci est étranger le législateur français n'a pas qualité à le protéger contre sa loi nationale.

III. — L'art. 340 ne parle que du rapt de violence. Les Codes civils : Italien, Espagnol, Portugais, admettent la recherche de la paternité même en cas de *viol*. Pourrait-on intenter en France contre un Italien une action en recherche de la paternité en cas de viol ?

A ne considérer que les termes de l'art. 340 on devrait décider la négative, mais nous croyons que ça serait une erreur.

Nous avons dit plus haut que de grands jurisconsultes français appliquent l'art. 340 al. dern., même en cas de viol (Demante, Demolombe, etc.). Nous pourrions adopter simplement l'opinion de ces auteurs, et la question serait tranchée. Mais supposons cependant que cette question puisse être sérieusement contestée en droit français, pour

quelle raison rejeterait-on la demande de l'Italien ? Est-ce
que dans ce cas spécial on peut craindre les scandales,
les investigations, les abus, l'incertitude même, qui expliquent l'art. 340 ? Voit-on une différence entre le rapt de
violence et le viol qui selon l'expression de Demante est
un rapt momentané ? Peut-on dire que la morale publique
qui ne souffre pas en cas de rapt, souffrira en cas de viol ?
Évidemment non, et nous croyons qu'il est inutile d'insister.

Nous ajouterons une observation. Tous les auteurs
s'accordent à penser que l'ordre public interne est plus
large que l'ordre public international, c'est-à-dire qu'il y
a des dispositions de la loi qui sont d'ordre interne sans
être d'ordre public international, par cela seul que l'on
discute la question de savoir si le viol rentre ou non dans
le rapt en droit interne, elle ne doit pas être, croyons-nous,
d'ordre public international.

III. — Les Codes civils : Espagnol et Portugais, admettent la recherche de la paternité dans deux cas spéciaux :
a) lorsqu'il existe un écrit émané du père reconnaissant la
paternité ; b) lorsque l'enfant jouit de la possession d'état
d'enfant naturel.

Un espagnol où un portugais pourra-t-il poursuivre son
père, espagnol ou portugais aussi, en France, dans ces
deux cas spéciaux ? Évidemment non, si on ne consulte
que les termes de l'art. 340 ; mais l'affirmative ne nous
paraît pas douteuse.

Dans l'opinion que nous avons suivi, on admet qu'un
étranger peut établir en France sa filiation naturelle par
tout moyen de preuve reconnu par sa loi personnelle, et

notamment par acte sous seing privé et par possession
d'état, sans que la morale publique en souffre, et on ne
pourrait dès lors ne pas admettre, sans être inconséquent,
la prétention de l'Espagnol. Il est vrai que cette législation
exige quelque chose de plus, une décision judiciaire, mais
cette décision peut-elle être considérée comme une recherche de la paternité telle qu'elle est comprise par le C. Nap.?
Peut-on craindre dans ces deux cas des scandales et chan-
tages, que le C. Nap. a voulu éviter? La morale publique,
qui ne souffre pas quand un allemand établit sa filiation
naturelle par possession d'état, souffrira-t-elle parce que
le C. espagnol exige une constatation judiciaire en plus?
Certainement non.

Comme nous venons de le dire, la recherche de la paternité admise par le C. espagnol, n'est pas une recherche
dans le sens du C. Nap., et que l'art. 340 prohibe. C'est
plutôt un mode spécial de preuve et qui est en même temps
très sage, car il combine les avantages de l'acte privé
et de la possession d'état, avec les avantages d'un jugement, qui sont l'irrévocabilité et la conservation de la
reconnaissance.

Nous croyons donc qu'un Espagnol ou un Portugais
pourra établir sa filiation naturelle en France, dans ces
deux cas spéciaux, soit parce que cette recherche de la
paternité du C. espagnol ne saurait violer l'ordre public
français, soit parce que c'est là un mode spécial de
preuve, à ce titre, admis en France par application des
principes du droit international privé.

IV. — Il ne reste plus qu'une question mais qui est la

plus difficile, c'est l'hypothèse du conflit entre les législations allemandes et l'art. 340 C. Nap.

Nous avons déjà vu que les législations allemandes admettent dans une très large mesure la recherche de la paternité et il semblerait au premier abord que l'ordre public international en France va s'opposer, avec raison cette fois-ci, à cette recherche, pour prévenir les scandales d'une telle action.

Une telle affirmation serait croyons-nous trop prompte. Il ne faut pas avoir étudié avec beaucoup de soin la recherche de la paternité, telle quelle est comprise par les législations allemandes, pour s'apercevoir que ce n'est pas du tout la même action que celle que l'art. 340 C. Nap. prohibe en France, mais bien une action basée sur l'art 1382, que la jurisprudence française, approuvée par les auteurs, accorde dans une très large mesure à la femme *séduite*.

Dans le droit français, une fois la paternité prouvée pour le cas spécial de l'art. 340, cette paternité produit les mêmes effets que la reconnaissance volontaire et qui sont très importants. C'est déjà une raison pour n'admettre cette action que dans des hypothèses fort rares. Au contraire, dans les législations allemandes la déclaration judiciaire de la paternité ne produit que des effets très restreints, elle n'établit aucun lien entre le père et l'enfant et n'oblige le père qu'à des aliments, lesquels *remarquons le bien* ne sont pas proportionés aux besoins de l'enfant, mais bien à la condition de la mère. De plus, le père ne les doit régulièrement que subsidiairement à la mère et il ne les doit que jusqu'à un certain âge, c'est-à-dire jusqu'au moment où l'enfant étant en état de gagner sa vie n'est plus à la charge de la mère.

Il est donc évident qu'en droit allemand la recherche de la paternité n'est qu'une action en dommages-intérêts accordée à la mère, et qui a deux chefs : a) les frais d'accouchement ; b) les frais représentant le dommage que peut causer à la mère l'entretien de l'enfant où si on veut une pension alimentaire. Cette action du reste ne peut être exercée que pendant la grossesse, ou quelque temps après.

Est-ce là la recherche de paternité du C. civ. Fr. ? Evidemment non. Tout ce qu'on peut dire à la rigueur c'est que cette action est un acte juridique inconnu du droit français, comme la légitimation par rescrit du prince, par exemple. Mais ce serait là une exagération, car il est facile de voir que la recherche de la paternité des législations allemandes est la même action que celle basée en France sur l'art. 1382, pour fait de séduction, avec cette différence que les législations allemandes prononcent le mot *paternité*, tandis que la jurisprudence française, liée par l'art. *340,* se contente de le sous-entendre.

Peut-être dira-t-on que notre manière de comprendre la recherche de la paternité en droit allemand est inexacte. Car il y a une chose qui semble prouver que cette action est plus qu'une action en dommages-intérêts, c'est que le père ne pourra pas, en droit allemand, épouser sa fille ainsi reconnue ?

Nous renverrons au droit français, où, quoique l'art. 334 déclare inexistante toute reconnaissance par acte privé, tout le monde est d'accord pour décider que le père ne pourra pas épouser sa fille reconnue par acte sous-seing privé.

Il résulte donc de ce que nous venons de dire, que pour savoir si un allemand pourra être poursuivi en France, en reconnaissance de paternité, telle qu'elle est admise par sa loi personnelle, ce n'est plus l'art. 340 qui répondra à la question, mais bien l'art. 1382.

La première question est de savoir si l'art. 1382 est d'ordre public international, c'est-à-dire si un étranger peut être poursuivi en France pour un quasi-délit prévu seulement par sa loi personnelle, et non prévu par la loi française.

Pour que l'art. 1382, soit d'ordre public absolu il faudrait qu'il ait un caractère pénal. Caractère qu'il ne peut pas avoir dans les cas de grossesse seule l'hypothèse qui nous intéresse. Dans ce dernier cas, où l'art. 1382 est basé sur une responsabilité purement civile, il nous paraît évident qu'on doit appliquer la loi personnelle de l'étranger, la responsabilité civile étant une question de capacité.

Donc, en principe, l'allemand peut être poursuivi en France pour le simple dommage résultant de la grossesse, quoique la jurisprudence française exige quelque chose de plus : la séduction.

Toute notre question se ramène ainsi à rechercher si le fait qui sert de fondement à l'action dirigée contre un allemand,— c'est-à-dire, la cohabitation pendant un certain temps, — ne constitue pas à lui seul un scandale qui fera rejeter la demande par les tribunaux français.

Tout d'abord pourra-t-on objecter que l'art. 340, répond

implicitement à la question et que par conséquent, la preuve du fait de la cohabitation devra être rejetée par les tribunaux français ?

Nous ne le croyons pas, parce que cela reviendrait à dire que la prohibition de l'art. 340, n'a été inspirée que par la crainte du scandale de la preuve. Or, une telle affirmation ne serait pas exacte. En effet si on ne craignait que le scandale de la preuve on devrait admettre qu'une déclaration judiciaire de paternité rendue à l'étranger contre un français, est parfaitement valable en France, le scandale résultant des recherches ayant eu lieu à l'étranger.

On donne encore une autre raison : l'incertitude du fait de la paternité. Mais il est encore évident que cette raison seule ne suffit pas pour expliquer l'art. 340, car le fait de la paternité ne peut jamais être certain, pas plus pendant le mariage, que dans le cas d'une reconnaissance volontaire ou de l'art. 340 2 alin.

L'art. 340, s'explique d'après nous par la tradition. L'ancien droit français admettait la recherche de la paternité de la manière la plus absolue, et les auteurs du Code civil ont voulu prévenir les scandales de l'ancien droit, dont on a beaucoup exagéré la portée.

Nous concluons qu'on ne peut pas donner une raison précise de l'art. 340, mais qu'on doit se contenter d'une raison vague et complexe dans laquelle rentre certainement la crainte du scandale jointe à celle de l'incertitude sur le fait de la paternité mais sans doute aussi, à notre avis, la considération de la gravité des effets qu'une pareille action peut entraîner en droit français.

Etant donné l'opinion de la jurisprudence, qui accorde

une action à la femme pour le fait de séduction tout en respectant l'art. 340, on doit raisonner à notre avis de la manière suivante pour expliquer la prohibition de la recherche de la paternité :

L'incertitude du fait de la paternité, l'impossibilité matérielle pour les juges d'apprécier ce fait, ne peuvent donner naissance à des effets si importants que ceux que le C. C. français fait découler de la filiation naturelle. Effets qu'on ne peut attacher qu'à une reconnaissance volontaire, une appréciation personnelle et réfléchie du fait. Ajoutez à cela la crainte du scandale, mais nous répétons que dans l'opinion de la jurisprudence, cette dernière raison doit jouer un rôle secondaire. Notre question reste donc entière et nous demandons si la preuve du fait de la cohabitation invoqué par la femme contre un allemand sera rejetée par les tribunaux français comme scandaleuse. Nous ne croyons pas qu'on puisse sérieusement soutenir que la preuve de la cohabitation ou des relations suivies, constitue à elle seule un scandale, et cela pour deux raisons :

1° Dans une opinion qui est celle de grands jurisconsultes (Demante, Demolombe, etc.), on enseigne que l'art. 340, vise aussi le rapt de séduction pour la femme mineure seulement. Or, quelle différence voyez-vous au point de vue du scandale entre la situation d'une femme française de 20 ans qui a suivi un individu, et la situation d'une allemande majeure qui s'est trouvée dans le même cas. Je laisse de côté le mot séduction car il est très vague et sa signification dépend des circonstances de fait. Que toutes les deux deviennent enceintes, on permettra

à la première d'intenter une action en recherche de la paternité au sens de l'art. 340, même contre un français, et
on refusera à la seconde d'intenter une action contre un
étranger — action qui en réalité est basée sur l'art. 1382 et
que la loi personnelle du défendeur admet — Ce n'est certes
pas la morale publique qui exige cette différence.

2° La jurisprudence en permettant à la femme d'intenter une action basée sur l'art. 1382, ne fait pas autre
chose en réalité que de fonder cette action sur le fait de la
grossesse, résultat de 'a cohabitation ou de relations suivies. Il est vrai que cette jurisprudence exige quelque
chose de plus, ce'a seulement parce qu'el'e ne peut pas
violer ouvertement l'art. 340. Mais ce qu'on ne peut pas
faire pour les Français, on peut certes le faire pour les
étrangers, en 'eur appliquant leur loi personnelle.

Et puis, qu'est-ce au juste que la séduction ? C'est quelque chose d'assez vague et qui dépend des circonstances
de fait.

On voit donc que de cet axiome de droit international privé il ne reste plus grand chose. Une question délicate dans
le conflit de l'art. 340, et les législations al'emandes, conflit
qui doit être résolu par l'art. 1382. En conséquence la recherche de la paternité allemande sera presque toujours
admise par les tribunaux français, la séduction telle que
la jurisprudence l'entend se rencontrant *toujours en fait.*

Aussi, pour conclure, maintenant que nous avons
placé en regard des principes du C. Nap. les principes des
législations étrangères les plus importantes et que nous
avons vu que dans ces législations la recherche de la paternité n'avait pas le caractère absolu et dangereux qu'on

serait tenté de lui attribuer à première vue, nous pensons qu'une semblable action ne saurait être considérée comme contraire à l'ordre public international.

Nous reviendrions d'ailleurs à l'opinion générale si par hasard nous nous trouvions en présence d'une législation admettant une recherche de la paternité purement et simplement.

Comparez les arrêts : Dijon, 15 avril 1861 (Dalloz, 61, 5, 423, nº 24) ; Caen, 10 juin 1862 (Dalloz, 62, 2, 129) : Cass. 26 juillet 1864 (Dal. 64. 1, 347) ; Colmar, 31 déc. 1863 et Grenoble, 18 mars 1864 (Dalloz, 65, 2, 21 et 22) ; Rennes, 11 avril 1866 (Dal. 66, 2, 84) ; Dijon 1er déc. 1868 (Dal. 68, 2, 248).

Dans tous les arrêts, que nous venons de citer, le seul fait qui ne change pas et qu'on doit considérer comme la véritable base de ces actions, c'est la cohabitation à laquelle vient s'adjoindre tantôt une promesse de mariage (Colmar et Grenoble), tantôt la position subordonnée de la femme, bonne ou ouvrière (Grenoble, Rennes, Dijon) ; quelques fois la simple différence d'âge et de position (Dijon 1861).

On doit donc conclure qu'en droit français, la cohabitation ou les relations suivies peuvent être prouvé en justice et servir de fondement à une action basée sur l'article 1382 quand elles sont accompagnées de la séduction, question de fait dépendant des circonstances.

Comparez d'autre part : Toulouse 5 juillet 1843 et Cour de Cass. 24 mars 1845 (Dal. 1845, 1, 1775 ; Caen 6 juin 1850 et Montpellier, 10 mai 1851 (Dal. 1855, 2, 178 et 179).

D'où il résulte que l'action de la femme grosse basée sur

l'article 1382 ne peut pas être repoussée par les articles 324 et 340 — même quand en fait l'action de la femme prouverait la paternité du défendeur — car l'action en dommages-intérêts ne tend pas à constater l'état de l'enfant, celui-ci étant étranger aux débats et qu'alors même que les dommages-intérêts seront accordés, l'enfant n'aura toujours pas d'état.

CHAPITRE VI

Recherche de la Maternité.

———

DROIT FRANÇAIS (art. 341). — La recherche de la maternité est admise en droit français. Les raisons qui justifient, jusqu'à un certain point l'art. 340, ne se rencontrent plus ici, la grossesse et l'accouchement étant des faits facile à constater et donnant la certitude de la maternité. Mais si le principe est certain, l'étendue du principe est discutée.

1° La première question est celle de savoir si cette action est purement personnelle ou bien si elle passe après la mort de l'enfant à ses héritiers.

a) Dans une première opinion, qui est celle de la jurisprudence, l'action de l'article 341, s'éteint avec l'enfant, s'il en est autrement en matière de filiation légitime c'est en vertu des articles 329 et 330, qui sont spéciaux à cette filiation. Du reste, si l'on peut tolérer le scandale qui résulte de cette action en faveur de l'intérêt sacré de l'enfant on ne saurait se montrer aussi favorable pour les intérêts purement pécuniaires des tiers. (Cassation : 20 nov. 1843, 29 juillet 1861, 10 avril 1864).

b) Dans une seconde opinion, l'action passe aux héritiers, et sans aucune condition, car, à ce point de vue encore, les articles 329 et 330 sont spéciaux à la filiation légitime. On se fonde, dans cette opinion surtout, sur l'article 340 qui permettant la recherche de la paternité dans un cas spécial, la permet à tout intéressé.

(*Aubry et Rau*, t. VI, p. 161, n°s 2, 3, 4, édit. 4me ; *Laurent*, n° 101, t. IV).

c) Enfin, dans une dernière opinion, on applique à la filiation naturelle les articles 329 et 330, parce que les dispositions du chapitre II sont applicables au chapitre III, lorsque celui-ci n'y a pas dérogé expressément, et parce que la distinction entre ses deux filiations ne se comprendrait pas, surtout favorable à la filiation naturelle. (*Demante et Colmet de Sant.*, t. II, n° 70 bis, *Demolombe*, n° 524, p. 552).

2° La recherche de la maternité peut-elle être intentée contre l'enfant, à l'effet d'empêcher un mariage (art. 161 et 162) ou de réduire une libéralité excessive (art. 338, 756, 908) ?

a) Oui, dans une opinion. Car, le droit commun « permet à toute personne, ayant une prétention légitime fondée sur un fait, de fournir la preuve de ce fait. » (Demante et Colmet de Santerre, t. II, n° 73 bis) ; et parce que disent MM. Aubry et Rau, la morale sociale « serait profondément atteinte si malgré la notoriété de la filiation, il devrait être interdit aux héritiers légitimes de la faire judiciairement constater, pour demander la réduction d'un legs universel que sa mère lui aurait fait. (*Aubry et Rau*, t. VI, Ed. 1873, p. 199), même sens Laurent.

b) Non, dans une autre opinion qui est celle de la jurisprudence, parce que le législateur ne s'est occupé de cette action que dans l'intérêt des enfants, et parce que les termes généraux de l'article 340 ne comprennent que l'enfant, ses héritiers et la mère enlevée. Quant à l'argument tiré du scandale invoqué par l'autre opinion on lui oppose le cas des enfants adultérins et incestueux.

(*Demolombe* n° 527 p. 557 et suiv., *Valette*, Cours de Code civil p. 453, Cassation : 3 février 1851, 3 avril 1872).

Le Code Civil, admet en principe, la recherche de la maternité, mais il la soumet à de telles conditions qu'il la rend en fait impossible. Il faut un commencement de preuve par écrit qui doit porter sur deux faits : l'accouchement de la femme et l'identité du demandeur avec l'enfant dont elle est accouchée.

Il résulte donc que l'individu qui intente l'action de l'article 341, a une preuve complexe à fournir ; avec cette différence que la preuve de l'identité emporte celle de l'accouchement, mais la preuve de ce dernier fait n'est permise que s'il existe en même temps un commencement de preuve par écrit de l'identité.

« C'est qu'autrement, il suffirait à un aventurier de s'être procuré des indices écrits de la faute commise par une femme pour arriver à l'aide de témoignages achetés à se faire passer pour son fils » (Demante n° 70 bis II, t. II).

L'article 341, exigeant un commencement de preuve par écrit, tout le monde est d'accord pour repousser les simples présomptions dont se contente l'article 323 du chapitre II. Quant à la nature même du commencement de preuve, la question est plus délicate, car il y a deux articles qui le définissent, l'article 1347 et l'article 324 qui est beaucoup plus large. Ce dernier est-il applicable ?

Oui, dans une première opinion (Demante et Colmet de Saut, t. II, n° 70 bis III),— car l'article 1347 ne s'applique en matière de filiation qui a son article spécial, l'art. 324, lequel dans le silence des textes s'applique au chapitre III.—

Non, dans une autre opinion (*Demolombe*, n° 503, p. 532 et 533, *Aubry* et *Rau*, t. IV, p. 706, éd. 3e, *Laurent*, t. IV).

Il est évident que l'acte de naissance ne peut pas servir de commencement de preuve par écrit ni de l'accouchement ni de l'identité. Qu'une reconnaissance par acte sous seing privé est un commencement de preuve par écrit de l'accouchement, mais non de l'identité, car même une reconnaissance authentique serait impuissante à prouver à elle seule l'identité.

Quel écrit peut être considéré comme un commencement de preuve au sens de l'article 341 ? Pour trouver un semblable document il faut faire des efforts d'imagination et supposer une reconnaissance sous seing privé donnant des détails sur des signes particuliers caractérisant la personne de l'enfant, ce qui n'arrive jamais ; aussi les auteurs pour donner un sens à l'article 341, le transforment-ils un peu. Ainsi Demante et la jurisprudence admettent que l'acte de naissance où la mère est indiquée, prouve la filiation naturelle lorsque la mère s'est appropriée cette déclaration par des soins donnés à l'enfant. (Demante, t. II, n° 70 bis I, p. 93, Cour Cass. 3 nov. 1868, 1er déc. 1869).

MM. Aubry et Rau, admettent que l'identité peut résulter de la possession d'État — et que cette possession peut être prouvée par témoins sans aucun commencement de preuve par écrit — il suffit donc dans cette opinion d'un commencement de preuve de l'accouchement. (Aubry et Rau, t. VI, p. 208, éd. 1873.) ce qui est bizarre, car l'identité prouvant l'accouchement, pourquoi exiger un commencement de preuve nouveau pour un fait dont la preuve découle de la nature des choses. Quant à Demolombe, il exige pour que la reconnaissance privée puisse servir de commencement de preuve de l'identité « quelques faits de possession d'état, quelques circonstances, qu'indiquassent que cet acte sous-seing privé s'applique au réclamant. » (*Demolombe* n° 509, p. 538.)

LÉGISLATION COMPARÉE. — L'article 190 C. c. *Italien* ». « L'enfant qui réclame sa mère doit prouver qu'il est identiquement le même que celui dont elle est accouchée. La preuve par témoins n'est pas toutefois recevable, si ce n'est lorsqu'il y a un commencement de preuve par écrit, où que les présomptions et les indices résultant de faits déjà constants sont suffisamment graves pour déterminer à admettre cette preuve. »

Le Code civil *Espagnol*, article 136 :

« La mère sera obligée de reconnaître son enfant naturel ;

1° Lorsque l'enfant se trouve vis-à-vis de sa mère, dans un des cas prévus par l'article précédent. (quand il existe un écrit reconnaissant la maternité et lorsque l'enfant se trouve en possession d'état);

2° Lorsqu'on prouve péremptoirement le fait de son accouchement et l'identité de l'enfant. »

Ce code n'admet, en principe, la recherche de la filiation naturelle que pendant la vie des parents présumés, sauf si les parents sont morts pendant la minorité de l'enfant — celui-ci a quatre ans à partir de sa majorité pour l'intenter—

et si après la mort des parents on découvre un acte dans lequel ils reconnaissent l'enfant (art. 137).

Le Code civil Portugais admet les mêmes principes que le c. Espagnol.

Art. 131. — L'action en recherche de la maternité est permise, mais l'enfant doit prouver par l'un quelconque des modes de preuve ordinaire, qu'il est identiquement le même que celui dont la prétendue mère est accouchée. »

L'art. 308 C. C. *Roumain*, soumet la recherche de la maternité aux mêmes conditions que le C. Nap.

Les législations allemandes assimilent l'enfant naturel à l'enfant légitime, et ne parlent nulle part de la recherche de la maternité, d'où nous concluons que cette preuve n'est soumise à aucune condition.

Le *Swod*, en Russie, ne parlant pas de la filiation naturelle, on doit conclure que la reconnaissance forcée y est un acte inconnu.

Conflits. — Une action en recherche de la maternité est intentée à l'étranger contre une femme française par un individu qui, pour plus de simplicité, est français aussi.

Il est évident qu'en principe, cette action sera régie par l'art. 341 du C. Nap., c'est-à-dire qu'un commencement de preuve par écrit portant sur l'accouchement et l'identité, est nécessaire, mais cette conséquence n'est absolument exacte que dans l'opinion qui n'applique pas la régle : « *Locus regit actum* », aux actes solennels, parmi lesquels la reconnaissance.

Pous nous, au contraire, qui admettons cette régle avec

son caractère de généralité, la disposition de l'art. 341, ne présentera que peu d'importance.

Si cet article donne lien en France à des questions très difficiles, c'est que le C. Nap. n'admet qu'une seule preuve de la filiation naturelle, la reconnaissance authentique, et que si on ne violait pas le texte, l'art. 341 serait purement nominal.

Au contraire de la règle « *Locus regit actum* » telle que nous l'entendons, il résulte que la filiation naturelle d'un français peut découler à l'étranger à la fois de l'acte de naissance, de la reconnaissance par acte sous seing privé, que de la possession d'état ; et dès lors l'art. 341 ne peut plus s'appliquer, car là où il ne voit qu'un commencement de preuve, la législation étrangère, qui est ici la seule applicable, voit une preuve complète.

Supposons une femme Française, reconnaissant par acte sous-seing privé son enfant naturel en Roumanie. S'il fallait appliquer l'art. 341, la maternité ne serait pas déclarée, car la reconnaissance privée ne peut servir de commencement de preuve par écrit que de l'accouchement et non de l'identité. Mais comme la loi roumaine se contente d'une reconnaissance privée, l'article 341, devient étranger à la question qui tombe sous l'application de la règle « *Locus regit actum* ».

Supposons encore une femme Française qui a été indiquée dans l'acte de naissance reçu en Allemagne. S'il fallait appliquer l'article 341, la maternité ne pourrait pas être recherchée, car l'acte de naissance ne prouve qu'une chose, c'est qu'un enfant est né et ne peut servir de commencement de preuve par écrit. Mais comme l'acte de naissance suffit aux yeux du législateur allemand pour prouver la filiation naturelle, on doit décider par application de la règle « Locus regit actum » que la filiation naturelle est légalement constatée.

Il en serait de même de la possession d'état dans les pays où elle est admise.

Nous ne voyons que deux cas dans lesquels l'article 341 peut encore régir à ce point de vue la capacité d'un Français à l'étranger :

1° L'article 341, en exigeant un commencement de preuve par écrit, repousse par cela même les présomptions ou indices résultant de faits dès lors constants (op. générale), au contraire le C. C. Italien, article 190, se contente des présomptions pour admettre la preuve testimoniale.

Supposons une recherche de la maternité intentée contre une femme Française en Italie, la preuve testimoniale ne sera admise que s'il y a un commencement de preuve par écrit, tel que l'article 341 l'exige. C'est là une question de capacité régie à ce titre par le C. C. Français, mais les titres de famille, les registres et papiers domestiques de la mère pourront servir de commencement de preuve (Demante, t. II, n° 170 bis III)

2° Les Codes civils Espagnol et Portugais admettent la recherche de la maternité par témoins sans exiger un commencement de preuve, il suffit que le demandeur prouve son identité avec l'enfant dont la femme est accouchée.

Une action en recherche de la maternité intentée contre une femme française en Espagne ne sera admise que si l'on fournit le commencement de preuve exigé par l'art. 341 C. Nap. Ces conséquences résultent des principes universellement admis.

Examinons maintenant le rôle de l'art. 341, au cas où l'action est intentée en France contre une étrangère. Cet art. 341, est-il applicable, ou, en d'autres termes, est-il d'ordre public international ?

Il faut d'abord remarquer que la question ne présente d'intérêt que dans l'opinion qui considère la règle « *Locus regit actum* » comme obligatoire, en ce sens que la filiation naturelle ne sera constante pour les tribunaux français, que si elle est contenue dans une reconnaissance par acte authentique. Dans cette opinion seulement, le conflit entre une législation étrangère et l'art. 341 se poserait d'une manière complète, absolue. Au contraire, dans notre opinion, ce conflit le plus souvent ne se posera même pas. Car, nous admettons que la règle *Locus regit actum* est facultative et par conséquent la filiation naturelle d'un étranger peut résulter en France non seulement d'une reconnaissance authentique, mais encore d'une reconnaissance sous seing privé, d'une possession d'état, où de l'acte de naissance, si la loi étrangère les admet.

Supposons une reconnaissance sous seing privé, faite par une femme roumaine en France, s'il fallait appliquer l'article 341, il y aurait un conflit, dont nous ne nous occupons pas pour le moment, entre cet article et la législation roumaine.

Mais comme la loi roumaine se contente d'une reconnaissance privée, la filiation sera légalement établie sans aucun complément de preuve testimoniale et par conséquent l'art. 341, est étranger à la question ; donc, il n'y a pas de conflit.

Cet article restera encore étranger au cas où une femme allemande aurait été indiquée dans un acte de naissance reçu en France, et au cas d'une possession d'état.

Ce conflit ne peut avoir lieu que dans les deux hypothèses suivantes :

1° Un italien veut prouver par témoins, en France, sa filiation naturelle vis-à-vis de sa mère, italienne aussi, la loi italienne se contente de présomptions, l'article 341, non ; quelle loi appliquera-t-on ?

Il nous semble évident que ce devra être la loi italienne, loi personnelle des parties. Car il est impossible de considérer comme d'ordre public international l'article 341, en tant qu'il exige un commencement de preuve, au lieu de se contenter de présomptions, comme l'article 323. La seule raison de cette différence entre les deux filiations, ne peut être que la défaveur avec laquelle l'enfant naturel en droit français, et cette défaveur à elle jouit seule, ne peut pas donner à une disposition législative, le caractère d'ordre public international ;

2° Un espagnol où un portugais intente en France une action en recherche de la maternité contre une femme espagnole aussi, le code civil espagnol admet la preuve testimoniale *de plano* ; nous demandons si les tribunaux français devront accepter cette preuve ou bien devront exiger un commencement de preuve par écrit ?

Les auteurs de droit international privé ne prévoient pas la question, qui pourtant est délicate, car, on peut très bien dire que le commencement de preuve par écrit et exigé par « l'intérêt des familles, l'honneur des femmes, la pudeur publique ». (Demolombe, n° 497), et à ce titre, est d'ordre public international).

Nous croyons que cette disposition ne peut être considéré comme étant d'ordre public international ; que l'exigence de l'article 341, qui a pour résultat de rendre la recherche de la maternité impossible ne peut s'expliquer que par la défaveur que le C. Nap. témoigne aux enfants naturels et à la rigueur par l'intention de protéger la femme et sa famille. Si telles sont les raisons de l'article 341, il est évident qu'il ne concerne que les français, car le code civil n'a aucun intérêt à protéger la femme étrangère, ni à encourager la famille légitime étrangère.

Il est encore évident qu'on ne peut pas parler ici du scandale résultant des débats, car le scandale est le même qu'il y ait ou non un commencement de preuve par écrit.

Nous concluons donc, que l'espagnole ne devra conformément à sa loi, que prouver son identité.

Nous avons supposé jusqu'ici que le demandeur et le défendeur avaient la même nationalité, mais le contraire arrivera beaucoup plus souvent, car l'individu qui intente cette action sera généralement français comme né de père et mère inconnus.

Nous croyons qu'il suffit de s'attacher à la loi de la mère, de même que dans le cas d'une recherche de la paternité, nous nous sommes attachés à la loi du père, les deux questions n'en font qu'une seule et ne peuvent être séparées à ce point de vue.

Nous considérons l'opinion qui tient compte des lois, comme trop rigoureuse et nous coyons qu'il est excessif de se préoccuper d'une nationalité qui en principe est provisoire; nous concluons donc que l'enfant né de père et mère inconnus en France, et par conséquent français, prouvera par témoins de *plano,* sa filiation naturelle vis-à-vis d'une espagnole ou portugaise, et par simples présomptions vis-à-vis d'une *femme Italienne.*

CHAPITRE VIII

Recherche de la filiation adultérine et incestueuse.

Droit français *(Art. 342)*.— « Un enfant ne sera jamais admis à la recherche soit de la paternité, soit de la maternité, dans les cas où, suivant l'art. 335, la reconnaissance n'est pas admise. »

Il résulte de cet article que les enfants adultérins ou incestueux ne pourront pas plus rechercher leur paternité en cas de rapt (art. 340) que leur maternité, et cette prohibition est absolue, c'est-à-dire que la recherche de la filiation naturelle est interdite non-seulement à l'enfant incestueux et adultérin, mais même contre lui, à l'effet de réduire une libéralité *(Demante,* t. II, n° 7, *Demolombe* n° 565, p. 603 et n° 570, p. 609).

Quand y a-t-il recherche adultérine et incestueuse ?

Il est évident qu'une recherche intentée en même temps contre un oncle et une nièce ou contre un homme libre et une femme mariée, sera repoussée comme tombant sous l'application de l'art. 342.

Il en est de même d'une action intentée contre un homme marié par un individu qu'une femme libre a déjà reconnu et qui n'entend pas contester cette reconnaissance. Ces deux cas ne soulèvent aucune difficulté ; mais si l'enfant répudie la reconnaissance du père, peut-il rechercher sa mère mariée, par là même se faire attribuer une filiation légitime ? Il est évident que l'enfant qui aurait commencé par contester la reconnaissance du père (art. 339) pourrait intenter une pareille action ; mais rechercher sa filiation légitime ; n'est-ce pas contester la reconnaissance d'une manière tacite ? Donc, l'art. 342 est hors de cause.

Pourtant, Demolombe n° 567 distingue si la reconnaissance a été ou non accompagnée de quelques faits de possession d'Etat et conclut que les magistrats apprécieront si la première reconnaissance est sérieuse ou non.

Législation comparée. — L'article 193, C. C. *Italien*, reproduit l'article 342, C. Nap.

Le code civil *Espagnol*, article 140 et 141, distingue entre le père et la mère. Quant au père il reproduit l'article 342 C. Nap., quant à la mère, au contraire, ce code admet la recherche de la filiation adultérine et incestueuse et la soumet au mêmes conditions que la recherche de la filiation naturelle simple. (Art. 140, n° 3).

Le code civil *Portugais*, admet la recherche de la paternité même en faveur des enfants adultérins et incestueux en cas de viol ou de rapt, lorsque le fait criminel a été judiciairement prouvé. (art. 136).

Le code civil *Roumain*, admet la recherche de la maternité même pour les enfants adultérins et incestueux (article 308).

Les législations allemandes assimilent les enfants naturels sans distinction aux enfants légitimes, quant à la mère, et quant au père, elles ne distinguent pas les enfants naturels simples des enfants adultérins et incestueux, donc les enfants adultérins et incestueux peuvent rechercher leur filiation.

Pourtant le C. Civil du canton de Zürich ne permet pas la recherche de la paternité : 1° Lorsqu'à l'époque de la conception la femme était mariée ;

2° Lorsqu'à la dite époque le défendeur était marié et que la femme en *avait manifestement* connaissance.

CONFLITS. — Il est évident qu'une recherche de maternité qu'aurait intentée en Allemagne un enfant incestueux contre une femme française, ne serait pas reçue par les tribunaux allemands, la capacité des français étant régie par l'article 342 ; à moins que cette action ne soit considérée comme étant d'ordre public international par le législateur allemand, — mais dans ce dernier cas cette déclaration judiciaire ne produirait aucun effet en France.

Il est encore certain qu'une recherche de la maternité incestueuse ou adultérine, qui a eu lieu en Espagne au profit d'un sujet espagnol, sera considéré comme valable par les tribunaux français. Car si on admet qu'une recherche de la filiation naturelle simple et une reconnaissance adultérine ou incestueuse qui ont eu lieu à l'étranger sont valables en France malgré les articles 340, 341 et 335, on doit admettre qu'une recherche de la filiation adultérine ou incestueuse qui a eu lieu en Espagne, sera valable pour les tribunaux français et pourra servir de titre à une demande d'aliments. Parce que il n'y a aucune différence entre une reconnaissance volontaire et une reconnaissance forcée, ceci ne souffre aucun doute.

Mais un enfant adultérin ou incestueux espagnol pourra-t-il rechercher sa mère en France ?

Oui, dans notre opinion, car nons avons admis que l'art. 335 n'est pas une disposition d'ordre public international, et nous devons admettre que l'art. 342 n'a pas non plus ce caractère ; mais il faut encore aller plus loin et admettre que la recherche de cette filiation serait permise même en dehors des cas p évus par les articles 340 et 341.

Cette solution est peut-être absurde mais. c'est la conséquence forcée des idées que nous avons admises sur les articles 335, 340 et 341.

Dans l'opinion générale l'art. 335, étant d'ordre public international, l'art. 342 a le même caractère, les deux articles ne faisant qu'une seule question.

Mais si on tient compte des principes de droit international privé, on arrive à quelques résultats bizarres:

Supposons un enfant reconnu par son père Roumain, cet enfant intente une action en recherche de la maternité contre une française nièce où belle-sœur de l'individu qui a reconnu l'enfant.

Cette action sera-t-elle reçue ? Non, si le père était français, oui dans notre hypothèse. Car la loi roumaine n'admettant pas la reconnaissance, celle-ci est inexistante, et par conséquent l'enfant qui recherche sa mère ne pourra pas être repoussé par l'art. 342, car il est censé être né de parents inconnus. Ce résultat choquant est très juridique car l'enfant est dans la même position où il se trouverait s'il avait commencé par contester la reconnaissance du père (art. 339).

Supposons une action intentée à la fois contre un oncle

russe et une nièce française. Cette action sera-t-elle repoussée comme tombant sous l'application de l'article 342 ? *Oui*, si le prétendu père était français, *non*, dans notre hypothèse, la loi russe n'admettant pas la recherche de la paternité, l'action dirigée contre un sujet russe à cet effet sera repoussée et il ne restera que l'action dirigée contre la mère, — action qui est permise par l'article 341.

Ces situations peuvent paraitre choquantes mais elles sont juridiques car elles découlent des principes admis par tout le monde.

CHAPITRE IX

Les effets généraux de la filiation naturelle.

———

DROIT FRANÇAIS. — La filiation naturelle produit toujours les mêmes effets lorsqu'elle est légalement constatée et sans distinction entre la reconnaissance volontaire et forcée, c'est l'opinion générale, sauf le dissentiment de *Merlin*. (*Demante*, t. II, nº 72 bis, 1 ; *Demolombe*, nº 539 ; en sens contraire, *Merlin*, répertoire au mot succession, sct. II, § II, article 1ᵉʳ, nº 3, t. XXXII, p. 354 et suiv.).

En dehors des rapports avec ses auteurs et la famille de ceux-ci, il n'y a aucune différence entre l'enfant légitime et naturel, c'est dire qu'il jouit de tous les droits politiques et civils. Quand l'enfant naturel n'a été reconnu que par un de ses auteurs, il prend le nom de celui-ci, mais lorsqu'il a été reconnu par tous les deux, il prend le nom du père dans une opinion, (*Demolombe*, nº 543, pg. 579), de tous les deux dit *Laurent*, (nº 124, p. 189, t. 4). car il y a deux filiations distinctes.

L'enfant naturel n'entre pas dans la famille de ses auteurs, et on donne généralement deux raisons : a) la reconnaissance de même que le jugement ne peut produire d'effet qu'entre les parties ; b) la défaveur dont cette

filiation est frappée en droit français, (*Demolombe*, n°
545, p. 581, *Laurent*. n° 20, p. 43, t. 4).

De là il résulte qu'entre l'enfant naturel et les ascendants de ses père et mère, il n'y a pas d'obligation alimentaire, ni droits de successions, excepté dans un cas
spécial prévu par l'article 766, C. civil.

Pourtant les articles 161 et 162 prohibent le mariage
entre ascendants et descendants, et entre frères et sœurs
naturels.

On discute la question de savoir s'il y a un lien de
parenté entre le père naturel et les enfants légitimes de
son fils, *oui*, dit Demolombe n° 550, *non*, Aubry et Rau,
t. IV, n° 666, 3ᵉ éd., *Laurent*, n° 21, p. 43, t. 4.

Les enfants naturels légalement reconnus peuvent-ils
être adoptés?

La question est très délicate. La Cour de cassation, après
avoir varié, admet l'affirmative. La raison principale est
qu'il n'y a pas d'incapacité sans texte. Or, il n'y en a pas
qui déclare l'enfant naturel incapable d'être adopté (Cass.
3 juin 1861. Sirey, 1861, i, 990, Cass. 13 mai 1868. S., 1868,
i, 338, Cass. 8 décembre 1868. S., 1869, i, 159, Cass. 1882,
juin 13, Dalloz, 1882, i, 309).

Cette opinion est adoptée par la majorité des auteurs
(*Laurent*, nᵒˢ 205 et suivants).

Dans une autre opinion cette adoption est impossible,
car l'objet de l'adoption est de créer des rapports de paternité et de filiation ; or, ces rapports existent déjà par le fait
de la reconnaissance. Du reste, il ne s'agit pas ici d'une
question de capacité mais bien d'une impossibilité absolue
comme celle qui empêche une femme d'être adoptée par le

mari. (Voir en ce sens Demante et Colmet de Santerre, t. II n° 80 *bis*, III, Demolombe, t. VI, n° 52, p. 40 et suiv. et les autorités qu'il cite).

Si on admet l'adoption des enfants naturels simples, on doit admettre l'adoption des enfants adultérins et incestueux aussi, car les raisons sont les mêmes. (Voir dans ce sens : *Laurent*, n° 209, p. 296, t. VI ; en sens contraire, *Dupin*. Réquisitoire dans Dalloz, au mot : Adoption, n° 116, p. 302).

Puissance paternelle. — Quand l'enfant n'a été reconnu que par un de ces auteurs, la puissance paternelle n'appartient qu'à celui-ci, mais quand il a été reconnu par tous les deux, c'est le père qui l'exerce (Aubry et Rau, t. *VI*, p. 210, note 4). Laurent dit que la puissance paternelle appartient à tous les deux (Laurent, n° 348, p. 457, t. IV).

Quant aux conflits entre les père et mère, les tribunaux ont un pouvoir discrétionnaire d'appréciation. (Demolombe, t. VI, n° 621, p. 503).

En général les droits des pères et mères naturels sur la personne de l'enfant sont les mêmes que ceux des parents légitimes, car quoique l'article 383 n'envoie qu'aux articles 376, 377, 378 et 379 ; tout le monde est d'accord qu'il renvoie tacitement aux articles 371, 72 et 74. Seul le droit de correction peut donner naissance à une petite difficulté.

On admet dans une opinion qu'il faut le concours des père et mère pour faire détenir l'enfant naturel (*Demante* n° 128 bis III p. 150 t. 2, *Laurent* t. 4. N° 356 p. 465).

Dans une autre opinion ce droit appartient au père seul. (*Demolombe* t. VI n° 637 p. 515). On discute encore à propos des articles 380, 381 et 382. Demolombe dit que ces articles s'appliquent même à l'enfant naturel (t. VI n° 641 et suivants). Dans une autre opinion ces articles ne s'appliquent pas (Laurent t. 4 n° 357) ; d'où cet auteur conclut que la mère naturelle pourra faire détenir l'enfant même par voie *d'autorité* (n° 358) et Demante que la mère quoique dispensée du concours exigé par l'article 181, ne pourra faire détenir l'enfant que par voie de réquisition. (Demante n° 128 bis IX et X).

L'opinion générale est que les parents naturels n'ont pas la jouissance légale sur les biens de leurs enfants (Demolombe n° 649, Aubry et Rau t. VI p. 214 note 18, Laurent t. IV n° 359 et 360) pas plus que l'administration légale établie par l'article 389. (voir pourtant Laurent t. IV n° 359 et 360).

Tutelle. — L'article 389, n'étant pas applicable aux enfants naturels, ceux-ci sont, d'après l'opinion générale, en tutelle dès leur naissance en droit, mais en fait, seulement depuis qu'ils acquièrent des biens.(Demolombe t. 8 n° 381).

Laurent, dit que la tutelle ne s'ouvre même pas après la mort d'un des auteurs, l'autre continuant a avoir l'administration légale. (Laurent t. IV n° 413).

Mais quelle espèce de tutelle ?

Dans une première opinion la tutelle appartient au père même si la mère est vivante, elle ne passe à la mère qu'au décès du père, mais si la mère se marie on applique les articles 395 et 396 — le dernier mourant peut nommer un tuteur testamentaire.

La tutelle des enfants naturels est dans cette opinion légitime et testamentaire (Aubry et Rau t. VI p. 213 et 214 n° 12, 13, 14, 15 et 17).

Dans une autre opinion qui est aussi celle de la jurisprudence cette tutelle ne peut être que dative.(Demolombe t. VIII n° 385, Nimes 15 février 1887. S. 87, 2, 172, Paris 28 juillet 1892. 5, 93. 2, 29).

Quant au conseil de famille, si on peut l'appeler ainsi, il sera composé d'amis des parents. (Demolombe t. VIII n° 377).

Ducauroy, propose de faire nommer le conseil par le tribunal civil (t. I n°s 586 et 587), et Laurent de faire nommer le tuteur directement par le tribunal. (t. IV n° 417).

Quant aux enfants adultérins et incestueux, Laurent les assimile aux enfants naturels simples, quant à la puissance paternelle et à la tutelle (n° 418). Voir au sens contraire Demolombe t. VIII n° 370).

Les enfants reçus dans les hospices sont sous la tutelle des commissions administratives. (loi du 15 pluviose au XIII art. 1er : art. 15, décret du 19 janvier 1811).

Tout ce que nous venons de dire ne s'applique pas aux enfants naturels non légalement reconnus, mais qui sont élevés par leurs parents.

Les enfants naturels peuvent être émancipés par leurs parents, (Demolombe t. VIII n° 373, Aubry et Rau t. VI p. 114, note 16).

CONFLITS. — Suivant l'opinion générale, l'enfant naturel français reconnu par ses deux auteurs, prend le nom de famille du père, dans les législations allemandes, au contraire l'enfant naturel prend toujours le nom de la mère.

Ces dispositions rentrant dans le statut personnel sui-

vront les français en Allemagne et les allemands en France
— cette question ne peut souffrir aucun doute.

Pension alimentaire. — Dans le C. Nap. et les législations qui s'en sont inspirées, l'enfant naturel ne rentre pas
dans la famille de ses auteurs, et l'obligation alimentaire
est limitée entre les parents d'une part et l'enfant naturel
de l'autre.

Au contraire les législations allemandes font entrer
l'enfant naturel dans la famille de la mère, l'obligation
alimentaire existe donc entre l'enfant naturel et ses
ascendants.

Quant au père cette obligation alimentaire est dûe seulement jusqu'à un certain âge, 16 ou 18 ans.

Cette manière opposée d'envisager la filiation naturelle
peut donner naissance à des conflits en ce qui concerne
l'obligation alimentaire, et avant de faire l'application,
demandons-nous d'abord quel est le caractère de cette
obligation en droit international privé ?

1° Dans une première opinion l'obligation alimentaire
est une disposition d'ordre public international, l'étranger
serait donc tenu des aliments dans tous les cas où un
français le serait, mais jamais d'avantage. (Aubry et Rau,
t. I, p. 82, Ed. 4 Demolombe t. I, n° 70. Fiore p. 205, Trib.
de la Seine 14 août 1869, 18 mai 1876, 22 mai 1877 (Journal 1877 p. 428 et Vincent et Pénaud, p. 100 n° 25). « Ce
serait offenser non seulement nos lois, mais encore notre
civilisation, et le sens moral de notre peuple qu'un fils, à
quelque pays qu'il appartienne, puisse se refuser à fournir
des aliments à ses ascendants dans le besoin et qu'un
frère put les refuser à sa sœur » *Fiore*, n° 109, p. 205.

2° Dans une seconde opinion, on distingue entre les alliés et les parents en ligne directe, en ce qui concerne les alliés l'obligation alimentaire est une simple question de capacité régie à ce titre par la loi personnelle des parties. (Laurent, n° 88, p. 186, t V).

Quant à l'obligation alimentaire entre parents en ligne directe, elle rentre dans le statut réel.

« Entre père et enfant, le cri de la nature prononce et décide, qu'il y ait une loi ou qu'il n'y en ait pas. Entre beau-père et beau-fils il faut une loi : l'alliance a quelque chose de factice, cela est si vrai que dans l'ancien droit français on disait : « morte ma fille, mort mon gendre » et le Code Napoléon admet aussi que l'obligation alimentaire peut cesser entre alliés (art. 206) au lieu que l'obligation entre parents ne s'éteint jamais » (Laurent, n° 91, p. 190 et 191, t. V).

M. Brocher paraît admettre la même distinction, mais il est bien obscur.

« C'est ainsi que la dette alimentaire doit en principe être réglementée par la loi compétente en ce qui a trait à la famille, bien que dans certains cas, elle puisse apparaître comme mesure de police régie par la loi locale » (Nouveau traité de droit international privé, p. 213, éd. 1876 et Cours de droit international privé, t. I, n° 92, p. 297).

3° Dans une dernière opinion que nous croyons la meilleure, on fait la distinction suivante : en principe la dette alimentaire est une question de capacité mais les dispositions du C. Nap. sont d'ordre public international, en d'autres termes l'étranger sera poursuivi en France non-seulement dans tous les cas prévus par le C. C., mais

Juvara   10 même en dehors de ces cas quand sa loi personnelle le permet (Despagnet, n° 408, p. 421, Weiss, p. 496, Olivi : Revue de droit international, 1885, p. 61).

Il résulte de cette opinion que nous adoptons que l'enfant naturel allemand pourra non-seulement poursuivre en France ses ascendants maternels à l'effet d'obtenir des aliments, mais encore son père, même après l'âge fixé par la loi allemande.

Dans le premier cas parce que la loi allemande lui reconnaît ce droit, dans le second parce que les dispositions du C. Nap. qu'il invoque, obligent même les étrangers. Nous avons supposé que les parties ont la même nationalité, mais il se peut que l'enfant soit français et l'ascendant maternel allemand. Ces deux lois étant contradictoires, à laquelle donnerons-nous la préférence à celle du débiteur ou bien à celle du créancier ?

Il faut d'abord remarquer que les dispositions du Code Nap. étant d'ordre public international, le conflit n'est possible que si l'une des lois en présence admet l'obligation alimentaire en dehors des cas du C. C., comme dans l'exemple que nous avons choisi. M. Weiss s'attache à la loi du créancier, parce que c'est dans son intérêt que la dette existe (Weiss, p. 500, même sens Durand, p. 369, trib. Seine, 1869 (Journal 1874, p. 45. note 2). Demangeat propose d'appliquer la loi du juge saisi par la demande (p. 361).

Enfin, M. Despagnet (n° 408, p. 422) à l'opinion duquel nous nous rattachons, applique la loi du débiteur (v. dans ce sens Olivi, Revue de Dr. Internat., p. 61).

Si un individu change de nationalité, c'est la loi d'ori-

gine qui détermine sa capacité (Despagnet, n° 425, Trib.
Seine, 22 mai 1877 (Journal 1877, p. 423, Paris, 2 août
1866,, S. 66, 2, 342). La Cour de cassation a décidé le 13
décembre 1865, que l'obligation doit être régie par la loi
dont l'individu relève au moment où l'action est intentée
— c'est dire que cette obligation prend naissance le jour où
l'on tombe dans le besoin. (S. 66. 1, 157).

L'opinion générale considère aujourd'hui les tribunaux
français comme compétents dans une demande d'aliments
entre étrangers(Renault. Revue critique, t. 49, p. 722 ;
Glasson Journal, p. 119 et 120).

Puissance paternelle. — Quand l'enfant a été reconnu
par ses deux auteurs, on décide en droit Français que c'est
le père qui exerce la puissance paternelle. Le père peut
exercer le droit de correction (art. 383), mais n'a pas le
droit d'administration ni de jouissance légale.

En droit germanique, c'est la mère qui exerce la puissance paternelle, mais limitée seulement au droit et devoir
de prendre soin de la personne de l'enfant. Le droit de re-
présenter l'enfant appartient au tuteur, l'enfant naturel
étant toujours en tutelle.

En Angleterre, le père ne peut pas faire interner l'enfant
et n'a pas le droit de jouissance légale. En droit germanique, l'enfant naturel entrant dans la famille de la mère,
il devrait en résulter un droit de jouissance légale au
profit de la mère.

De ces principes opposés, que nous ne faisons qu'indiquer, il peut résulter des conflits que nous signalerons
simplement.

Quel est le caractère de la puissance paternelle ?

Il est hors de discussion, que la puissance paternellé
dépend en principe uniquement de la loi nationale de la
famille (V. les autorités dans Vincent et Pénaud, v° Puissance paternelle, n° 1, p. 772, et ajoutez Albéric Rolin,
n° 646, p. 183, t. II).

C'est donc le père français qui exercera la puissance
paternelle sur son enfant naturel en Allemagne, et c'est la
mère allemande qui exercera cette puissance en France.
Quant au droit de correction de l'article 375, on s'accorde
à le considérer comme une loi de police, obligeant l'é-
tranger comme le français, — sans tenir aucun compte
des dispositions de la loi étrangère. (Aubry et Rau, t. I,
p. 302, 4° éd., Fiore, n°ˢ 159, 160, 161, Brocher, t. I,
p. 345, Albéric Rolin, n° 650, p. 190, t. II).

M. Weiss, admet bien que le Français ne pourra pas
faire emprisonner son fils dans un pays où ce droit n'est
pas connu, ou qu'un étranger ne pourra pas exercer en
France un droit de correction que les mœurs françaises
repousseraient. Mais il n'admet pas qu'un étranger puisse
exercer le droit de correction du C. C. Français, que si la
loi personnelle lui reconnaît ce droit.(Weiss, p. 575 ; Despagnet, n° 407, p. 419).

La seule question délicate est celle de savoir si la jouissance légale, est ou non une question de capacité et par
suite, dans notre matière, si le père ou la mère auront ce
droit dans un pays où il n'est pas autorisé — comme en
Angleterre, — ou dans un pays où il est refusé seulement aux père et mère naturels, — comme en France,
Italie, Espagne.

Dans une première opinion, l'usufruit légal rentre dans

le statut réel, c'est dire que l'étranger l'aura en France même si la loi personnelle s'y oppose. (Boullenois, t. II, p. 46 ; Frolaud, t. II, p. 816, Colmet Daâge : Revue de droit français et étranger, 1844, p. 506.)

Pour Merlin, cet usufruit est un statut personnel réel, c'est-à-dire que le père ne peut l'avoir que s'il lui est accordé à la fois par sa loi personnelle et par la loi de la situation des biens. (Merlin, Repertoire, au mot Puissance paternelle, section 7, n°1, Felix, t. I, p. 151, Rocco, 3ᵉ partie, ch. xxv.)

Enfin, dans une troisième opinion généralement suivie, la jouissance légale est une simple question de capacité. (V. les autorités dans Vincent et Pénaud, vᵉ Puissance paternelle, n° 11, p. 773.)

« Aucune atteinte, en effet, n'est portée à l'organisation de la propriété, en Autriche, si un Italien a l'usufruit des biens, soit qu'il l'ait par dispositions entre vifs ou à cause de mort, soit qu'il l'ait en vertu d'un contrat, soit qu'il l'ait comme investi de la puissance paternelle et en vertu de la loi qui règle ses rapports avec son fils. » (Fiore, n° 164, p. 287.)

Dans une opinion, on admet encore que la jouissance légale est un droit civil qui n'appartient qu'aux Français. (Aubry et Rau, t. 1, p. 303, note 60, Demaute, t. I, n° 78.)

Quand le père n'a pas la même nationalité que l'enfant, M. Weiss, p. 576, s'attache à la loi de l'enfant : « Alors même qu'il s'agirait d'un droit qui, bien que se rattachant à la jouissance paternelle proprement dite, paraîtrait surtout instituée à l'avantage du père, le droit de jouissance légale, par exemple. » (Voir dans le même sens Despagnet ɪ.º 423, p. 438.) Mais la Cour de Cassation et la majorité des auteurs se rattachent à la loi du père. (Cass. 13 juin 1873, S. 73. 1. 125, Fiore, p. 278, Asser et Rivier, p. 125, Albéric Rolin, nº 649, p. 180, t. II).

Adoption. — L'opinion dominante en doctrine et la jurisprudence française admettent que l'enfant naturel peut être adopté par ses auteurs même quand il a été légalement reconnu.

Les Codes civils : Italien (art. 205), Zürichois (art. 234), interdisent l'adoption de l'enfant naturel ; quelques pays comme l'Angleterre et les Pays-Bas repoussent l'adoption.

Le seul point qui est spécial à notre étude, c'est la question de savoir si un français peut adopter son enfant en Italie où cette adoption est prohibée, ou en Angleterre où elle est inconnue. Dans l'opinion suivie par la majorité des auteurs, la prohibition d'adopter un enfant naturel doit être considérée comme étant d'ordre public international « parce que cette disposition doit être considérée comme établie pour protéger la moralité publique et les bonnes mœurs et quelle est obligatoire pour les citoyens et les étrangers ». Fiore, p. 271 (voir dans le même sens Weiss, p. 567, Despagnet, nº 450, p. 457, Albéric Rolin, nº 640, p 176, t II).

Laurent exprime l'opinion contraire (t. VI, p. 62 et 4).

Mais le français pourra-t-il adopter son enfant naturel en Angleterre où en Hollande où l'adoption est un acte inconnu ?

Non, dit M. Weiss, à moins que son « silence de la législation étrangere s'explique parce que cette institution est inusitée, étrangère aux mœurs du pays et n'a aucun caractère prohibitif » (p. 568). (Voir dans le même sens : Asser et Rivier, p. 128, Lher : Journal de dr. int. pr., 1882, p. 291).

M. Despagnet, croit au contraire que cette adoption sera toujours permise (n° 448, p. 456).

Qu'un Italien ne puisse adopter son enfant naturel en France, cela ne souffre aucun doute si l'enfant à la même nationalité.

Mais un enfant italien pourra-t-il être adopté par son père de nationalité française ? *Non*, dans l'opinion dominante :

« La capacité de l'adoptant et celle de l'adopté doivent être déterminées par la loi personnelle de chacun, et, pour que l'adoption soit valable, il faut que ces deux capacités concourent. » (Weiss, p. 565, Laurent, t. VI, p. 76, Asser et Rivier, p. 127, note 2).

M. Albéric Rolin ne tient compte que de la loi de l'adoptant, et déclare valable l'adoption faite par un belge au profit d'un anglais ou d'un vaudois. (n°s 634, 635, t. II).

Pour que ces conflits soient possibles, nous admettons avec MM. Weiss p. 57, Valette t. I p. 177, Demangeat n° 449, qu'un étranger peut adopter en France — mais la majorité des auteurs et la jurisprudence, décident la négative. (Demolombe t. I, p. 245, Aubry et Rau § 78, note 61, t. I, Albéric Rolin n° 633, t II, trib. de la Seine, 4 août 1883, Journal 1884 p. 179.

Enfin MM. Vincent et Pénard, et quelques autres auteurs qu'ils citent, disent « qu'un étranger ne peut être adopté par un français, ni adopter un français, pas plus en France qu'à l'étranger » (comparez Albéric Rolin n° 641, p. 177, t. II).

Tutelle. — La tutelle donne lieu, tant en droit français qu'en droit international, à de telles difficultés qu'elle peut à elle seule faire l'objet d'une thèse; nous ne dirons ici que quelques mots.

On admet en droit français que l'enfant naturel est toujours en tutelle, laquelle dans l'opinion dominante ne peut être que dative.

On peut concevoir une législation dans laquelle la tutelle de l'enfant naturel ne s'ouvrirait qu'à la mort de ses père et mère. Le C. Italien accorde au père la tutelle légale de son fils naturel, et le droit de lui nommer un tuteur testamentaire.

Il est hors de doute que c'est la loi nationale des parties quand elles ont la même nationalité, qui décide si la tutelle s'ouvre ou non, quel est le caractère de cette tutelle et les personnes qui sont appelées, et à quel moment elle prend fin ?

Quand le mineur a une nationalité différente de celle du tuteur, l'opinion généralement suivie donne la préférence à la loi du pupille, car c'est dans son intérêt que la tutelle a été organisée (Weiss, p. 409, et les autorités qu'il cite ; voyez cependant Albéric Robin, t. II, n° 656, p. 197).

CHAPITRE X

Successions, donations et testaments.

———

DROIT FRANÇAIS. — Avant d'étudier les conflits qui peuvent s'élever en matière de succession, de donations et testaments, demandons-nous si l'étranger en général et l'enfant naturel en particulier peut hériter en France où recevoir à titre gratuit. Il est vrai que cette question étant générale et que n'offrant rien de particulier quant aux enfants naturels, pourrait être négligée par nous, mais comme d'une part c'est certainement dans cette matière appliquée aux enfants naturels que les différentes législations varient le plus, et comme d'autre part la loi de 1819 soulève des difficultés, nous pensons qu'il est utile d'entrer ici dans quelques détails.

L'Assemblée Constituante abolit par un décret du 6 août 1790, les droits d'aubaine et de détraction ; un décret de 1791 28 avril reconnut aux étrangers, sans aucune condition de réciprocité, le droit de succéder en France ; le Code de 1804 jugeant cette disposition trop généreuse exigea comme condition de cette faveur la réciprocité et enfin la loi de juillet 1819 assimile les étrangers aux français quant à la capacité de succéder, disposer et recevoir — mais ajoute l'art 2 : « Dans le cas de partage d'une même succession entre cohéritiers étrangers et français, ceux-ci prélèveront sur les biens situés en France une portion égale à la valeur des biens situés en pays étranger, dont ils seraient exclus, à quelque titre que ce soit, en vertu des lois et coutumes locales. »

Cet article suppose : une succession comprenant des biens situés en France et à l'étranger, et prévoyant l'hypothèse où un héritier français serait exclu à l'étranger pour une raison quelconque, l'autorise à se dédommager sur les biens situés en France.

Mais dans quels cas ce prélèvement sera-t-il autorisé ?

D'après la grande majorité des auteurs il suffit que l'héritier français soit exclu de la succession des biens situés à l'étranger à n'importe quel titre, pour que le prélèvement de l'art. 2 soit permis. Voir les autorités citées par M. Weiss, t. II, p 353, et ajoutez Albéric Rolin, t. II, nos 782 et 83.

D'après M. Antoine, (*Des successions testamentaires ou ab intestat en droit international privé*, 1876, p. 154 et s) le prélèvement n'est permis, que si l'héritier français a été exclu à cause de sa nationalité.

Enfin d'après MM. Weiss et Bertauld, il faut distinguer si c'est la législation étrangère ou la législation française qui doit régir la succession. Dans le premier cas le prélèvement ne sera permis que si c'est la nationalité qui est cause de l'exclusion, en toute autre hypothèse, l'article 2 ne s'applique pas, parce que le législateur français n'a pas qualité pour corriger les effets d'une loi qui n'a pas excédé les bornes de la souveraineté. (*Weiss*, p. 355, t. II, traité théorique et pratique).

Au contraire si c'est la loi française qui régit la succession, l'art. 2 de la loi de 1819 s'applique à la lettre.

Il est facile de voir que la première opinion ne tient compte que de la lettre de la loi, la seconde que de la logique, quant à la troisième ce n'est que la première mise au courant des principes de droit international privé.

Prenons deux exemples dans notre matière spéciale :

1) Un belge ayant deux immeubles d'une valeur de 10.000 fr. chacun, situés l'un en France, l'autre en Belgique, il meurt en laissant deux enfants, un légitime de nationalité belge et un naturel de nationalité française et la succession s'ouvre en France par exemple. D'après le C. C. Français l'enfant naturel a droit à la moitié de la part qu'il aurait eu s'il avait été légitime, c'est-à-dire 5000 fr. D'après le C. Belge au contraire l'enfant n'a droit qu'à un tiers, c'est-à-dire 3,300 francs. L'enfant naturel français étant exclu en Belgique pour la somme de 850 représentant la différence entre la somme qu'il touche d'après le C. Belge et la somme qu'il devrait toucher d'après le C. Nap., pourra prélever cette somme sur l'immeuble situé en France, ceci dans l'opinion générale et aussi dans l'opinion de M. Weiss, la succession étant régie par la loi française, Contrà Antoine.

2° Un père roumain meurt en laissant 20.000 francs d'immeubles, moitié en France et moitié en Roumanie, et deux enfants naturels, un roumain et un autre français.

Sur les immeubles situés en Roumanie les enfants sont exclus tous les deux, ce code ne reconnaissant aucun droit de succession aux enfants naturels. L'enfant naturel français peut il prélever sur les immeubles situés en France, la somme dont il est exclu en Roumanie ce qui aurait pour résultat de donner tout à l'enfant naturel français et rien à l'enfant naturel roumain ?

A s'en tenir à la lettre de l'art. 2, on devrait décider

l'affirmative ; mais l'opinion générale n'accorde le prélèvement que vis-à-vis de l'héritier étranger qui a été avantagé
aux dépens de l'héritier français. Donc dans notre cas ce
prélèvement n'aura pas lieu.

(Voir les autorités citées par Weiss, p. 369, t. II, et
et ajoutez *Laurent* Droit. civil, t. VIII, nº 565 et Albéric
Rolin, nº 785, t. II.

Pour en finir avec cette question il faut remarquer :

1º Que ce prélèvement ne peut être demandé que par un
héritier français, où un étranger investi de la jouissance
des droits civils en France (Aubry et Rau excluent ce dernier) et qu'il faut être héritier et non pas simplement donataire ou légataire ;

2º Que ce prélèvement ne peut être demandé que contre
des héritiers étrangers, bien que la Cour de cassation l'accorde même contre des héritiers français

Mais un étranger peut jouir de ce droit de prélèvement
au même titre que les français, si un traité lui en a accordé
le bénéfice, et M. Weiss cite parmi ces traités : celui conclu
entre la France et l'Autriche (1866), le Chili (1854), l'Espagne (1862), la Serbie (1883), le Mexique (1886), l'E-
quator (1888), la convention consulaire avec les Etats-Unis
(1853) ;

3º Le prélèvement s'applique aux meubles comme aux
immeubles, aux meubles corporels ou incorporels, et il
s'applique même, d'après la Cour de cassation, à des
créances payables à l'étranger.

Avant d'arriver à la succession des enfants naturels, il
nous faut donner quelques détails sur la succession en
droit international privé.

Un étranger possédant des meubles et des immeubles en France, meurt à Paris par exemple, quelle est la loi qui régit la succession, est-ce la loi française ou bien sa loi personnelle ?

1° Dans une première opinion qui est restée isolée, les meubles aussi bien que les immeubles sont régis par la loi française.

« Puisque la soumission des meubles à telle ou telle loi ne peut jamais être que précaire et instable, on doit reconnaitre la soumission instable à la loi du pays où ils sont, plutôt que la soumission instable également à la loi du domicile. C'est avec le souverain du pays où ils se trouvent qu'ils sont *réellement* en relation, c'est à sa puissance que *réellement* et *par le fait* ils sont soumis, on ne peut donc pas à moins de règles formelles posées à cet égard par les divers législateurs, les déclarer soumis par fiction à l'autorité d'un autre ». *Marcadé*, t. I, p. 65, n° 78, éd. 1873.

Cette opinion contient une part de vérité. C'est que la différence entre les meubles et les immeubles est illogique, mais elle n'a aucune base ni dans la tradition, ni dans les textes, ni dans les principes de droit international privé.

2° La jurisprudence et la grande majorité des auteurs distinguent entre les immeubles et les meubles, les premiers seuls sont régis par la loi française, loi de leur situation.

Cette différence contraire à la logique résulte, dit-on, du texte de l'art. 3 C. C. interpreté par la tradition. Voilà ce que dit Demolombe, t. I, n° 91 :

« Que s'il est vrai que le patrimoine comme être idéal ne

peut pas se concevoir abstraction faite de la personne, il s'agit ici finalement de la transmission des immeubles eux-mêmes ; que précisément cette transmission est subordonnée aux principes politiques de chaque Etat suivant qu'ils favorisent l'égalité ou l'inégalité des partages, le morcellement ou la concentration des fortunes ».

Aubry et Rau, p. 154, note 45, t. I, éd. 1897.

« Comme le territoire forme en quelque sorte la base matérielle de l'Etat dont l'existence se trouve ainsi intimement liée au sort des immeubles qui composent ce territoire, aucun législateur n'a pu consentir à soumettre les immeubles situés dans son pays à l'empire d'une loi étrangère.» Nous croyons qu'il est inutile de citer d'autres auteurs cette opinion étant presque générale. Mais parmi les partisans de cette opinion, tandis que les uns, tout en reconnaissant son existence dans le droit positif français et belge n'admettent en théorie qu'une seule loi comme devant à la fois régir la succession immobilière et la succession mobilière, la loi nationale des parties. (Renault, Laurent, Brocher, Rolin.)

D'autres, même en théorie, préconisent la loi de la situation, comme étant celle qui doit régir la succession immobilière. (Demolombe, Aubry et Rau, Demangeat, Vareilles, Sommières.)

Quant à la succession mobilière, tout le monde s'accorde à reconnaître qu'elle doit être régie par la loi personnelle du défunt. Mais tandis que pour MM. *Renault, Laurent,* Brocher, etc., cette loi est la loi nationale, qui dans le code Nap. a remplacé la loi du domicile ; pour MM. Aubry et Rau

Demolombe, Albéric Rolin, c'est la loi du domicile qui devrait être appliquée.

La jurisprudence française est partagée, mais la plupart des arrêts consacrent la loi du domicile avec cette différence toutefois, que par domicile elle entend le domicile légal (établi avec l'autorisation du gouvernement), tandis que les auteurs se contentent du domicile de fait. On invoque dans cette opinion les conventions internationales conclues par la France avec l'Autriche (1866), la Russie (1874), la Serbie (1883), le Mexique (1883).

3° Enfin, dans une dernière opinion on admet non seulement que la loi personnelle du défunt régit toute sa succession en théorte, mais même qu'il en est ainsi du droit positif français.

La distinction entre les les meubles et les immeubles est absurde, car le patrimoine est un et doit être régi par une loi unique.

« Quel est le rôle du législateur dans cette dévotution ? Un rôle interprétatif, un rôle supplétif de volonté. Il est à présumer que le *de cujus*, s'en est reporté purement et simplement aux dispositions de la loi qui règle la succession aux biens d'après l'ordre présumé de ses affections, qu'il se l'est approprié par une sorte de testament tacite. Or qu'elle est cette loi qu'il a ainsi faite sienne ? Est-ce la loi de chacun des pays où se trouvent les différents biens qui lui appartiennent, loi, qui lui est le plus souvent entièrement inconnue ? Rien n'est moins probable, car il faudrait alors admettre que sa volonté manque d'unité, que l'ordre et la vivacité de ses affections sont subordonnés à l'assiette géographique de son héritage, qu'il préfère, tel parent sur l'immeuble situé en Allemagne, dans le cas où la loi allemande appelle ce dernier en première ligne ; au contraire qu'il ne lui assigne que le second rang sur le bien situé en France, dans le cas ou telle est la disposition de la loi française, (Weiss, p, 681, t. ll). Traité théorique et pratique.

Voilà aussi ce que dit M. Fiore, p. 603, tr. Pradier Fodéré :

« Le régime des successions a de très nombreux rapports avec le droit de famille. La communauté des biens dans les temps patriarcaux et dans les états primitifs, les *fidéi commis et les majorats* qui s'introduisirent au moyen âge, pour le principe de conserver la famille, les portions légitimes qui dans la majeure partie des états modernes limitent la libre disposition du patrimoine de l'homme et d'autres institutions semblables sont dérivés de la manière différente de concevoir le régime économique du patrimofne familial et les droits des successibles sur ce patrimoine. Toutes les législations n'interprètent pas d'une manière identique les tendances naturelles du cœur humain ; les rapports mêmes entre père et fils qui sous un certain point de vue sont absolus, ont subi diverses modifications suivant qu'on tienne plus ou moins compte de certaines affections qui peuvent faire concurrence à l'affection de famille. »

Pour prouver qu'en droit positif français, la succession même immobilière doit être régie par la loi nationale, on explique l'art. 3, C Nap. de la manière suivante : l'immeuble peut être envisagé à un double point de vue, comme fraction du territoire et comme bien susceptible d'appropriation privée, l'art. 3. ne parle que des immeubles considérés comme fraction du territoire et pour dire seulement que l'Etat a une espèce de *domaine éminent* sur tous les immeubles mêmes sur ceux possédés par des étrangers.

« Toutes les fois que cette loi n'a pas en vue l'intérêt particulier de telle ou telle personne, lorsqu'elle règle le régime de la propriété foncière, lorsqu'elle détermine quels biens sont meubles ou immeubles *in commercio* ou *extra commercium*, lorsqu'elle précise la nature et l'étendue des droits dont ils peuvent faire l'objet, lorsque, dans un intérêt public, elle soumet leur transmission à certaines règles par exemple à la formalité de la transcription, etc., etc. » *Weiss*, p. 280, Traité Elém., *Despagnet*, nos 557, 558, 559, Antoine. *Dubois* (Journal 1874, p. 51-52), *Durand*, p. 251.

Ce système est adopté par les législations : *Italienne*, (C. C. 1865, art. 8), *Espagnole* (C. C. 1889, art. 10, ch. 2), Suisse, cantons de *Zürich* (C. C. 1887, ch. 4), de *Soleure* (C. C. 1841, chap. 8) et des *Grisous* (C. C. 1862, 1), *Congo* (loi de 1891, 20 février, art. 4), C. C. Allemand, loi d'introduction, art. 24.

Le projet de révision du C. C. Belge a été admis par l'Institut de Droit International Privé dans la session d'Oxford et la conférence de la Haye.

Nous suivrons l'opinion de MM. Weiss, Despagnet, Dubois, etc., quoique les conflits qui font l'objet de notre étude peuvent se rencontrer même dans le système adopté par la majorité des auteurs et la jurisprudence, en matière mobilière seulement.

Droits de succession des enfants naturels. — Les enfants naturels dont la filiation est légalement prouvée par une reconnaissance volontaire ou forcée, ont des droits à la succession de leurs père et mère, droits qui ont été modifiés par la loi du 25 mars 1896.

Il faut tout d'abord remarquer : a) que les enfants naturels n'entrent pas dans la famille de leurs auteurs et, par conséquent, leurs droits héréditaires se limitent à la succession de leurs père et mère ; b) que les enfants naturels sont, depuis la loi de 1896, non-seulement des héritiers légitimes au sens de l'art. 724, mais encore des héritiers réservataires.

Les droits des enfants naturels varient suivant que ceux-ci viennent en concurrence soit avec des descendants légitimes, soit avec des ascendants et colatéraux privilégiés, soit enfin avec tout autres parents. Quand l'enfant naturel vient en concurrence avec les enfants ou descendants légitimes (et par là, entendez d'après la doctrine, seulement ceux qui acceptent la succession ou qui ne sont pas exclus, jurisprudence-contrà) ; il prend, d'après la nouvelle loi, la moitié de ce qu'il aurait s'il avait été légitimé, les trois quarts s'il vient en concurrence avec des ascendants, des frères et sœurs ou leurs descendants légitimes — et la totalité s'il ne reste que des colatéraux ordinaires.

Sous l'empire du Code civil, les droits de l'enfant naturel n'étaient que d'un tiers, de la moitié et des trois quarts.

La loi de 1896, a aboli l'art. 761, qui était une exception à la prohibition absolue des pactes sur succession future, et le nouvel art. 761, dit que les enfants légitimes de l'enfant naturel prédécédé peuvent venir par représentation à la succession de leurs grand'pères.

Quant aux enfants adultérins ou incestueux, la loi de 1896 n'a pas modifié leurs droits, qui sont réduits par l'art.

762 à des aliments, lesquels cessent d'être dûs par la sucsion si le père ou la mère les a assurés de son vivant d'une manière directe ou indirecte (art. 764).

Capacité de recevoir à titre gratuit. — L'ancien article 908, rendait les enfants naturels incapables de recevoir par donation ou par testament au-delà de leur part héréditaire ; et l'art. 760, les obligeait à imputer sur leur part héréditaire tout ce qu'ils auraient reçu à titre gratuit de leurs parents.

Le nouvel article 908, distingue entre la donation entre vifs et le testament, l'incapacité de l'enfant naturel persiste dans le cas d'une donation entre vifs, mais l'annulation de cette donation ne peut être demandée que par les descendants légitimes, les ascendants et les frères et sœurs, dans le cas où ceux-ci sont appelés à la succession.

Par testament, au contraire, l'enfant naturel peut être avantagé au delà de sa part héréditaire, pourvu cependant qu'il ne recueille pas plus qu'un enfant légitime, le moins prenant.

L'article 908 ne change rien à la situation des enfants adultérins et incestueux, qui restent incapables de recevoir autre chose que des aliments.

L'article 908, nouveau, quoique préférable à l'ancien, n'échappe pourtant pas à toute critique ; en effet, il dit premièrement que l'enfant naturel ne peut recevoir par testament, une libéralité qui jointe à sa part héréditaire, dépasse une part d'enfant légitime, le moins prenant — et cela pour la raison très vague que le législateur doit préférer le mariage et le faire respecter. Comme si le père qui avantage son enfant naturel le faisait pour déconsidérer le mariage.

Le père qui laisse à un enfant plus qu'à un autre, ne le

fait que pour une raison sérieuse. S'il avantage son enfant naturel, c'est que ce dernier est infirme ou incapable de gagner sa vie, et ce n'est certainement pas l'intention de marquer une préférence particulière pour l'union libre. Mais enfin, cette différence peut se concevoir, à la rigueur, mais qui nous expliquera la distinction que l'on fait à ce point de vue entre la donation et le testament ?. Ce n'est certes pas M. Julien, le rapporteur de cette loi à la Chambre des députés, car voilà ce qu'il dit :

« La donation entre vifs, peut être le fruit d'un mouvement spontané, irréfléchi, et ne présente aucune des garanties nécessaires en cette matière. Aussi ne saurait-elle convenir ici : seul le testament, acte toujours révocable, manifestation quand il reçoit son exécution d'une volonté persévérante jusqu'à l'âge de la mort, peut remplir ce but. »

LÉGISLATION COMPARÉE. — Le C. *Belge* n'est que le c. Nap. moins la loi de 1896, c'est-à-dire que l'enfant naturel prendra suivant les cas, un tiers, une moitié ou les trois quarts de ce qu'il aurait pris s'il avait été légitime. Les enfants adultérins et incestueux n'ont droit qu'à des aliments.

Ces enfants sont incapables de recevoir par donation ou par testament plus que leur part héréditaire.

Le C. c. *Italien* admet à la lettre les dispositions de la loi de 1896 ; n'accorde aux enfants adultérins et incestueux que des aliments. Mais le code Italien ne considère pas les enfants naturels comme des héritiers légitimes au sens français du mot (art. 741).

L'art. 768 C. Italien, déclare les enfants naturels incapables de recevoir par testament et·donation plus que leur part héréditaire s'il *existe des enfants ou descendants légitimes seulement.*

Le Code c. *Espagnol,* l'art. 840, donne à l'enfant naturel en concurrence avec les enfants légitimes « la moitié de la quotité revenant à chacun des enfants légitimes n'ayant point de préciput; cette part se prendra toujours sur le tiers de libre disposition, après qu'on aura prélevé les frais d'enterrement et de funérailles. ».

Lorsque le défunt ne laisse que des ascendants légitimes, les enfants auront droit à la moitié de la portion disponible de la succession; ce qui fait un quart de la succession.

Lorsque le testateur ne laisse ni descendants ni ascendants légitimes, les enfants naturels auront droit au tiers de la succession (art. 842).

Art. 845. — Les enfants illégitimes, qui n'ont pas la qualité d'enfants naturels, n'auront droit qu'à des aliments. Cette pension alimentaire ne dure que jusqu'à la majorité, ou s'ils sont incapables, pendant l'incapacité. Tout ce que nous venons de dire ne s'applique qu'à la succession testamentaire, c'est-à-dire les droits reconnus aux enfants naturels par les art. 840 et suiv. C. Espagnol, forment leur réserve.

Quant à la succession *ab intestat,* l'art. *939* dit qu'à défaut de descendants et d'ascendants légitimes, la succession appartient en totalité aux enfants naturels reconnus et aux légitimés par lettre du Roi, et l'art. 942 dispose que si il y a des descendants et ascendants légitimes, les droits

des enfants naturels sont déterminés par les articles
840 et 41.

Ce code n'empêche pas les enfants naturels de recevoir
plus que leur part héréditaire.

Le Code civil *Portugais,* art. 1785 :

» Si le testateur laisse tout à la fois des enfants légitimes
ou légitimés et des enfants *naturels* reconnus, on observera
les règles suivantes :

1° Si les enfants naturels étaient reconnus à l'époque où
le testateur a contracté le mariage dont sont nés les enfants
légitimes leur part sera égale à *la réserve* de ceux-ci dimi-
nuée d'un tiers, (la réserve est de deux tiers).

2° Si les enfants naturels ont été reconnus depuis le mariage, leur part n'excédera pas la réserve des autres dimi-
nuée d'un tiers et ne pourra être prise que sur la quotité
disponible.

Art. 1990. — Si l'enfant illégitime n'est pas en concours
avec les enfants légitimes, il succède à la totalité des biens
de ses père et mère.

Ce code n'établit aucune incapacité dans le sens de l'article 908 C. Nap.

Le Code civil de *Malte* distingue quant au père entre les
enfants volontairement reconnus et ceux dont la filiation
résulte d'un jugement. Ces derniers n'ont droit qu'à des
aliments. Quant aux premiers, l'art. 838 leur donne un
tiers ou la *moitié* de la part qu'ils auraient recueillie s'ils
avaient été légitimes, suivant qu'ils sont en concurrence
avec des descendants ou des ascendants légitimes. L'article 300 les déclare incapables de recevoir plus par testament.

Les législations germaniques admettent des principes tout à fait opposés à ceux que nous venons d'étudier. Quant au père l'enfant naturel est tout à fait étranger et n'a aucun droit de succession, ses seuls droits sont limités à une pension alimentaire très restreinte. Cet enfant étant étranger au père, celui-ci peut lui laisser par testament tout ce qu'il veut dans les limites de la portion disponible.

Vis-à-vis de la mère, l'enfant naturel est assimilé aux enfants légitimes, sans distinction entre les enfants naturels simples, et les enfants adultérins ou incestueux.

Les mêmes principes sont admis par le c. civ. Roumain.

En droit Anglais l'enfant naturel étant un *filius nulius*, n'a aucun droit de succession mais peut recevoir par testament ou donation.

Le *Swod* en Russie est muet sur la question, « mais, dit M. Lehr, cette matière est une de celles où le code est resté à l'état de lettre morte et où les usages nationaux corrigent l'irrévocable rigueur de la loi ».

En conséquence le Swod n'est exact que pour la noblesse et pour la classe des marchands, mais il ne l'est pas pour la bourgeoisie où l'enfant peut être non pas reconnu mais adjoint à la famille du père, et il l'est encore moins pour les paysans.

« Là, dit M. Lehr, dans ces petites communautés de laboureurs où les droits de copropriété sont proportionnels aux services rendus, l'enfant naturel qui est resté dans la maison de son père a les mêmes droits que les autres.

Le Swod n'empêche pas les enfants naturels de recevoir par donation ou testament.

Quant à la loi Polonaise de 1825. elle reproduit le c. Nap.

et les Provinces Baltiques admettent les principes du droit
Germanique.

CONFLITS. — Dans l'opinion que nous avons suivie, la
succession sans distinction entre meubles et immeubles est
régie par la loi personnelle des parties quand elles ont la
même nationalité ; mais quel va être le domaine de chaque
loi lorsque l'héritier aura une autre nationalité que le
défunt ?.

Dans une première opinion on applique la loi personnelle de l'héritier en tant qu'il s'agit d'apprécier sa capacité
à l'effet de succéder, mais dès que la capacité d'acquérir
de l'héritier n'est plus en jeu, on applique sur toutes les
questions la loi du défunt (Weiss, p. 693, Traité Élém ;
Fiore, p. 618 ; *Laurent*, t. VI, p. 314).

Ce dernier auteur tout en admettant qu'en droit positif
français, la succession immobilière d'un étranger est régie
par la loi française, il affirme que c'est la loi personnelle
de l'héritier qui régit sa capacité successorale ; l'article 3
C. civ. étant général et n'établissant aucune exception en
matière d'immeubles, « car une loi de capacité n'a pas
pour objet les immeubles » et quant à la tradition « elle est
tellement incertaine qu'on peut à peine affirmer qu'il y en
ait une » (Laurent, t. VII, n° 173).

Dans une autre opinion on applique la loi personnelle du
défunt même pour apprécier la capacité de l'héritier.

« L'exercice d'un droit peut être subordonné à telle ou
telle condition, il peut être temporairement suspendu pour
la personne humaine, à raison de son âge, de son état
intellectuel. C'est en ce sens que l'on peut dire à propre-

ment parler que l'on est capable ou incapable. Mais, quand on dit que l'enfant qui n'est pas né viable est incapable de succéder, cela signifie qu'il n'a pas le droit de succéder » (Albéric Rolin, n° 736, p. 295, t. II, même sens, Antoine, p. 86, Pillet, p. 185, Bertauld, t. I, p. 91, de Bar, t. II, p. 319, Brocher, t. I, p. 413, Cass. 31 mars 1874, S. 74, 1, 345).

Nous suivrons cette dernière opinion pour deux raisons :

I. — L'opinion de M. Weiss, est trop rigoureuse pour l'enfant naturel. En effet celui-ci ne pourra succéder que si les deux législations lui reconnaissent le droit et dans ce cas jusqu'à concurence seulement de la plus petite quotité, pour le surplus l'enfant naturel étant incapable.

Supposons un enfant naturel de nationalité russe venant à la succession de son père français ouverte en France, dans l'opinion de M. Weiss cet enfant ne sera admis à la succession parce que sa capacité est régie par la loi russe qui ne reconnait aucun droit à l'enfant naturel dans la succession de ses parents.

Nous ne croyons pas que cette solution soit exacte.

Quand la loi russe déclare l'enfant naturel incapable de succéder à son père, elle envisage une question spéciale : elle suppose une famille russe, habitant la Russie et une succession s'ouvrant dans ce même pays, et pour protéger la famille légitime et encourager le mariage, elle ne reconnaît aucun droit à l'enfant naturel.

Mais quand le père est français, quand la succession s'ouvre en France, les raisons qui expliquent l'incapacité de l'enfant naturel russe n'ont plus aucune raison d'être, et nous chercherons en vain pour quelle raison on tiendrait compte de la loi russe, même contre son but.

Pour être logique on devrait décider dans cette opinion qu'un héritier français parent au-delà du douzième degré d'un étranger est incapable de lui succéder s'il est appellé par la loi étrangère.

II. — Supposons un père français laissant deux enfants naturels : l'un français, l'autre belge et un enfant légitime. L'enfant naturel français prendra la moitié de ce qu'il aurait pris s'il avait été légitime, l'enfant belge le tiers Pourquoi cette différence ?.

M. Weiss, que nous avons cité plus haut, pour prouver que c'est la loi nationale du défunt qui doit régir sa succession s'exprime ainsi : « Quel est le rôle du législateur dans cette dévolution ?. Un rôle interprétif, un rôle supplétif de volonté. Il est à présumer que le *de cujus* s'en rapporte purement et simplement aux dispositions de la loi qui règlent la succession aux biens d'après l'ordre présumé de ses affections, qu'il se l'est approprié par une sorte de testament tacite » etc. etc. (Weiss, p. 681).

Ces reproches ne peuvent-ils pas s'adresser à son opinion quand il décide que l'enfant naturel français prendra une part plus forte que l'enfant naturel belge ?.

Et la succession *ab intestat* n'étant que le testament tacite peut-on dire que le *de cujus* préfère son enfant naturel français à son enfant naturel belge, uniquement parce que le premier est français ?.

Une femme roumaine meurt en France où elle laisse des biens et deux enfants dont un naturel, d'après la loi roumaine qui régit la succession l'enfant naturel doit prendre

la même chose que l'enfant légitime, le pourra-t-il?. Non,
dit M. *Weiss*, p. 695, car « la loi doit protéger dans un
intérêt supérieur de morale les droits qui naissent du
mariage, ses dispositions restrictives sont d'ordre public
international. »

Même sens *Demolombe*, t. I, n° 81, *Aubry* et *Rau*, t. I,
p. 85, note 16.

Donc la part héréditaire de l'enfant naturel sera réduite
à un quart de la succession, car la loi de 1896 ne lui donne
que la moitié de ce qu'il aurait eu s'il avait été légitime.

Il importe de remarquer que depuis la loi de 1896, cette
opinion n'est plus vraie du moins en France, car pour que
l'observation de M. Weiss fut exacte il fallait l'ancien art.
908, qui ne permettait pas à l'enfant naturel d'acquérir une
part supérieure à sa part héréditaire et qui par conséquent
était d'ordre public interne. Au contraire aujourd'hui l'article 908, modifié par la loi de 1896, permet de donner à l'enfant naturel plus que sa part héréditaire par testament. et il
est évident que ce que l'art. 908 permet aux français de
faire expressément, le permet *à fortiori* aux étrangers tacitement, la succession *ab intestat* n'étant que le testament
tacite de l'étranger.

Il est vrai que le nouvel article 908, ajoute une restriction,
c'est que l'enfant naturel ne pourra pas recevoir plus que
la part d'un enfant légitime le moins prenant, mais cela n'a
aucune importance dans le débat, car aucune législation ne
donne à l'enfant naturel un droit successoral supérieur à
l'enfant légitime.

Nous concluons donc qu'en France un enfant naturel
étranger peut succéder, d'après la loi personnelle de ses

père ou père, sans que l'ordre public international intervienne pour réduire ses droits à la quotité variable reconnue par le C. C. français, et cela ne souffre aucun doute depuis la loi du 25 mars 1896.

La question ne se pose plus qu'en Belgique et en Italie. Eh bien, même dans ces pays, nous ne croyons pas qu'on puisse sérieusement soutenir que la morale publique s'op-pose à ce que l'enfant naturel d'un français reçoive en Belgique, un tiers en plus de ce que lui donne le C. C. belge. Mettre cette solution sur le compte de l'ordre public international, c'est l'obscurcir davantage.

« C'est pour honorer, pour encourager les mariages que les enfants naturels ne doivent pas avoir les mêmes prérogatives que les enfants légitimes ». Jaubert (Locré, législation civile, art. 908).

Si telle est la raison qu'explique encore la disposition de l'ancien article 908, dans les législations belge, italienne et de Malte, elle ne peut être que d'ordre public interne, le législateur belge n'ayant aucun intérêt à encourager les mariages des étrangers dans leur pays.

Et puis cette opinion est particulièrement dure aux enfants naturels, car si on admet avec la jurisprudence et la grande majorité des auteurs que la succession immobilière est régie par la loi de la situation, il peut bien arriver que l'enfant naturel prenne une part moindre que celle qui lui est reconnue par sa loi, mais il peut aussi arriver quelquefois que cette part soit supérieure ; tandis que dans l'opinion de M. Weiss l'enfant naturel peut prendre une part moindre que celle que lui donnerait la loi de la situation des immeubles, mais jamais une part supérieure à cause de l'ordre public. (Voir dans notre sens, Laurent, t. VI ; Bertauld, t. I, p. 51, de Bar, t. II, p. 315, Albéric Robin, n° 741, p. 300).

Ce que nous venons de dire de l'enfant naturel s'applique-t-il à l'enfant adultérin ou incestueux, ou bien ces derniers ne pourront-ils succéder en France que conformément à l'art. 762 ?.

Ici la loi de 1896 n'apporte aucun changement et l'opinion générale est que l'art. 762, est d'ordre public international, pourtant nous ne sommes pas convaincus.

Ce n'est pas que nous prétendons d'une manière absolue que l'art. 762 ne soit pas d'ordre public international, mais nous arrivons au même résultat par d'autre sconsidérations.

La succession d'un mahométan s'ouvre en France, succession qui est régie par sa loi personnelle. Ses enfants, que le Code civil français considère comme adultérins, se présentent à la succession de leur père en qualité d'enfants légitimes. Peut-on les écarter par application de l'art 762 ? La négative nous parait certaine, car on ne voit pas à quel titre le C. C. français irait réglementer la famille étrangère chez elle, ni en quoi pourrait souffrir la morale publique quand l'enfant d'un mahométan habitant son pays se présente à une succession ouverte en France en qualité d'enfant légitime — voilà ce que dit M. de Bar, cité et approuvé par M. Albéric Robin, n° 124, p. 282, t. I.

« La polygamie ne saurait être tolérée chez nous ; mais peut-on refuser au fils d'un mahométan qui a vécu d'après les lois de son pays d'origine, en état de polygamie, la propriété d'un objet qui se trouve sur notre territoire et qui dépend de la succession de son père ? Certainement non. La polygamie n'est dans ce cas que la base éloignée d'une réclamation qui en elle-même n'a rien de contraire à notre ordre juridique ; c'est un point de fait préjudiciel dans le procès qui surgit à l'occasion de cet objet. La polygamie existe et existait dans le pays de cet étranger, les décisions de nos juges ne pourraient rien y changer. Si notre organisation sociale, se refusait à reconnaître des rapports juridiques de ce genre, comme simples faits, comme points préjudiciels à l'occasion d'autres réclamations judiciaires, cela conduira à une subversion absolue de relations avec ce pays, à la suppression même de toutes relations régulières ».

Nous concluons donc que le fils d'un mahométan se présentera à la succession de son père ouverte en France en qualité d'enfant légitime, sans que la morale publique française en souffre, bien que, d'après le C. c., cet enfant est adultérin et à ce titre ses droits sont limités à une pension alimentaire.

Nous avons admis plus haut que les empêchements au mariage résultant de la parenté et de l'alliance ne sont pas d'ordre public international, donc l'enfant issu de ce mariage, enfant incestueux d'après le C. Nap., sera considéré même par les tribunaux français, comme légitime, et cela même dans l'opinion qui soutient que l'empêchement est d'ordre public international, car ce mariage intervenant à l'étranger, la morale publique ne saurait souffrir quand l'enfant se présente en France avec sa qualité d'enfant légitime.

Dès lors, si la morale publique ne souffre pas quand l'enfant d'un mahométan ou quand l'enfant issu d'un mariage

entre parents ou alliés, enfants qui d'après la loi française
sont adultérins ou incestueux se présentent à la succession
de leur père, ouverte en France, et recueillent une part
supérieure à celle que leur attribue l'art. 762 c. Nap Cette
même morale publique ne pourrait être atteinte quand un
enfant qui est incestueux ou adultérin d'après les deux
lois, reçoit néanmoins d'après sa loi personnelle une part
héréditaire supérieure à l'art. 762.

Les deux questions sont identiques, et il faut choisir
entre les deux lois : ou bien vous appliquez la loi française
imposée par la notion de l'ordre public absolu, et alors
dans tous les cas les enfants sont adultérins ou incestueux,
aussi bien l'enfant du mahométan que l'enfant issu du
mariage entre parents, et par conséquent tombent tous
les deux sous l'application de l'art. 762 ; ou bien vous
appliquerez la loi personnelle, et alors les enfants pourront
toujours recueillir une part héréditaire supérieure à celle de
l'art. 762, soit que leur loi personnelle les assimile aux
enfants légitimes, soit qu'elle les considère comme incestueux — elle leur attribue néanmoins une part héréditaire
supérieure à celle que leur accorde la loi française. Je suppose deux enfants issus en dehors du mariage de personnes
dont le mariage est prohibé en France ; l'un de ces enfants
est allemand, l'autre roumain, les deux successions s'ou-
vrent en France. L'enfant allemand succédera en France,
d'après la loi personnelle de sa mère qui l'assimile aux
enfants légitimes, parce que sa loi le considére comme
naturel — et l'enfant naturel peut hériter en France —, au contraire l'enfant roumain n'aura droit qu'à des aliments, car

sa loi le considère comme incestueux, tout en l'assimilant cependant aux enfants légitimes.

Pourtant ces enfants sont également incestueux pour la loi française, et n'est-il pas absurde que la même morale publique permette à l'un de recevoir une part héréditaire supérieure à celle de l'art. 762 et le défende à l'autre.

Mais pourrait-on dire, pour expliquer cette différence, que l'enfant d'un mahométan ou issu d'un mariage considéré comme nul par la loi française se présente en France avec sa qualité acquise d'enfant légitime et la polygamie n'est dans ce cas que la « base éloignée d'une réclamation qui en elle-même n'a rien de contraire à notre ordre juridique » comme dit M. de Bar, tandis que l'enfant, considéré comme incestueux ou adultérin par sa loi personnelle, se présente avec cette qualité à la succession ouverte en France, et c'est la raison pour laquelle la loi française restreint ca vocation à un droit alimentaire.

Cette observation ne serait pas exacte, car l'enfant incestueux ne se présente pas à la succession de sa mère en sa qualité d'enfant incestueux, mais bien en vertu d'un principe supérieur admis par sa loi et duquel il résulte que tous les enfants sont égaux devant la mère, « nul n'est bâtard de par sa mère » l'enfant se présente donc avec sa qualité d'enfant — la distinction entre enfants légitimes, naturels simples, et adultérins ou incestueux, étant inconnue dans ces pays. Et de même que la loi française n'a aucun titre pour apprécier la constitution de la famille d'un mahométan, de même elle n'a aucun titre pour distinguer plusieurs filiations là où la loi romaine n'admet que nul « n'est bâtard de par sa mère. »

Il convient de remarquer que ces conflits sont impossibles entre le c. nap. et les différents codes qui ne font que reproduire ses dispositions, comme les codes Belge, Italien, Espagnol, Portugais de Malte, qu'ils sont encore impossibles quand au *père* dans les législations allemandes et le c. c. roumain — ces législations ne reconnaissant à l'enfant né en dehors du mariage aucun droit à la succession du père —.

Des conflits ne peuvent s'élever qu'entre le c. nap. et les codes qui l'ont reproduit d'un côté, et les législations germaniques et le c. Roumain d'un autre côté, et pour la succession de la mère seulement, ces dernières législations ne faisant aucune distinction entre les enfants.

Donations et Testaments. — Nous n'avons pas à nous occuper de la question de forme, ni de la question dite de l' « autonomie de la volonté ». Nous ne nous intéressons qu'à la question de capacité et à l'exception tirée de l'ordre public.

Quand les parties ont la même nationalité, c'est leur loi personnelle seule qu'on applique en principe. Mais quel est le domaine de chaque loi quand le testateur n'a pas la même nationalité que le légataire?.

« Le testateur doit être capable de disposer, le légataire capable de recueillir, chacun d'après sa loi personnelle. » (Weiss, p. 704.) Dans le même sens, Savigny, Demangeat, Laurent, t. VI, p. 331 et 55.

Pour que l'enfant naturel puisse recevoir à titre gratuit, il faut non seulement que sa loi personnelle le considère comme capable de recevoir, mais il faut de plus que la loi personnelle du père considère celui-ci capable de donner, et la libéralité ne sera valable que jusqu'à concurrence de la somme fixée par les deux lois, c'est-à-dire de la plus petite, car pour tout ce qui dépasse cette somme, le père est incapable de donner et l'enfant de recevoir.

Que cette opinion soit très sérieuse dans les cas d'incapacité absolue, cela est admissible. (Voyez pourtant Albéric Rolin, n° 797, p. 363, t. II). Mais, dans notre cas spécial, nous la considérons comme trop rigoureuse pour l'enfant naturel et à ce titre nous la repoussons.

En effet, il ne faut pas oublier que l'incapacité de l'enfant naturel est relative à deux points de vue : a) il n'est incapable que vis-à-vis de ses auteurs ; b) et il n'est incapable de recevoir qu'au-delà de certaines limites qui varient dans les différentes législations.

Or, nous ne voyons pas pour quelle raison on ferait dépendre la validité de la libéralité de la loi personnelle de l'enfant qui n'a rien à voir dans le débat.

En effet, quand le législateur belge ou italien déclare l'enfant naturel incapable de rien recevoir à titre gratuit au-delà de sa part successorale, il a en vue une considération spéciale qui est celle de l'intérêt des familles belges, et l'incapacité spéciale de l'enfant naturel n'est qu'un moyen indirect de protéger et d'encourager la famille légitime belge. Or, cette raison d'être de l'incapacité de l'enfant naturel n'existe plus lorsque le père est étranger, lorsque l'enfant naturel belge entre dans une famille étrangère habitant à l'étranger. Dans ce cas, le législateur belge n'a aucune qualité pour protéger les intérêts d'une famille légitime étrangère qui n'habite même pas son territoire, la cause de l'incapacité cessant, l'incapacité doit cesser.

Nous croyons donc, que c'est la loi personnelle du défunt seule qui doit être appelée à apprécier la capacité de l'enfant naturel de recevoir à titre gratuit, et notre opinion a l'auantage de prévenir les résultats choquants qui se produiraient dans le cas où le testateur gratifierait deux enfants naturels de natioualité différente, leur capacité étant régie par deux lois différentes et contradictoires.

L'ancien article 908 C. Nap. donnait naissance à une difficulté. La prohibition qu'il édictait devait-elle être régie par la loi successorale qui dans l'opinion générale diffère suivant qu'il s'agit de meubles ou d'immeubles ou bien y avait-il là une question de capacité ?

MM. Laurent et Brocher tout en admettant qu'en droit positif la succession immobilière est régie par la loi française, voyaient dans l'art. 908 une disposition concernant la capacité des personnes. Cette prohibition s'expliquant par l'intérêt que le législateur porte au mariage. (Laurent, t. VI, n° 211, Brocher, n° 127, p. 411, Demangeat sur Fœlix, t. I, p. 122, note a.)

Mais la grande majorité des auteurs pense que l'art. 908 appartient au statut réel : « car il prévoit une question d'exécution, c'est-à-dire de règlement, de distribution des biens. » La loi pour des raisons « de convenance et d'honnêteté publique, ne voulant pas qu'une trop forte part héréditaire passe à l'enfant naturel en concours avec tels ou tels parents du défunt. » Demolombe, n° 81, Aubry et Rau ; Despagnet, n° 605, Albéric Rolin, n° 801.

Dans l'opinion que nous avons suivie, la question se pose d'une autre manière. Cette opinion admet que c'est la loi personnelle du défunt qui régit sa succession toute entière, sauf exception tirée de l'ordre public, et la question est dès lors de savoir si l'enfant naturel reconnu capable de recevoir par la loi du testateur peut recevoir en France plus que sa part héréditaire déterminée, il ne faut pas l'oublier, par sa loi personnelle.

Non dit M. Weiss, l'art. 908 est d'ordre public international car il est inspiré « par le respect des mœurs, par la protection qui est due, en tous lieux au mariage et aux droits de la famille légitime dont elle reproche la violation, et que la société est interessé à maintenir. » Weiss, p. 707. Il est certain que cette opinion, avec son caractère de généralité, a perdu de son exactitude depuis la loi de 1896, car le nouvel article 908, permet au père d'avantager son enfant naturel par testament, et à *fortiori*, doit-on le permettre aussi à l'étranger.

Mais la question, de savoir jusqu'à quel point, cette opinion est encore vraie aujourd'hui, est beaucoup plus délicate. En effet l'art. 908 distingue entre la donation et le testament et si l'enfant naturel est capable de recevoir par testament, il est au contraire incapable de recevoir par donation entre vif ; l'enfant naturel étranger est-il aussi incapable de recevoir par acte entre vif ? L'admettre, ce serait dire que cette disposition est d'ordre public international ; mais pour que l'on puisse lui attribuer ce caractère droit, il faut qu'elle fût d'abord d'ordre public interne. Or, il nous semble qu'il est impossible de soutenir que l'incapacité de recevoir de l'enfant naturel même réduite à la donation est d'ordre public interne. Ce serait dénaturer la notion de l'ordre public, comment en effet une disposition qu'on peut éluder aussi facilement pourrait-elle être considérée comme étant d'ordre public interne ? Le père qui a donné entre vifs, des biens à son enfant naturel, n'a qu'à lui léguer les mêmes biens par testament pour se mettre d'accord avec le nouvel art. 908.

Il resterait la question de savoir si l'enfant naturel étranger peut recevoir en France plus qu'un enfant légitime le moins prenant, ce qui peut arriver souvent, les législations germaniques ne faisant aucune distinction entre les enfants légitimes et les enfants naturels. Dans l'opinion de M. Weiss mise au courant de la loi de 1896, tout ce que l'ordre public international pourrait exiger ce serait que la part de l'enfant naturel ne soit pas supérieure à celle d'un enfant légitime le moins prenant.

Ainsi limitée, la question a peu d'importance, mais nous ferons remarquer cependant que cette disposition s'expliquant par l'intérêt de la famille légitime française n'est que d'ordre public interne. Depuis la loi de 1896, les conflits dans cette matière ne sont plus possibles en France, ils sont encore possibles en Belgique, en Italie et dans l'île de Malte, ces pays étant les seuls aujourd'hui où la capacité de l'enfant naturel soit restreinte.

Il faut du reste remarquer qu'il ne pourrait y avoir de conflit entre ces différentes législations et la loi française seulement.

Supposons un français faisant en Belgique une libéralité a son enfant naturel comme l'art. 908 le lui permet, dans l'opinion de M. Weiss cette donation sera nulle non pas pour tout ce qui excède la part de l'enfant attribuée par le C. Belge, mais seulement pour la portion qui excède la quotité déterminée par le Code Nap. loi de 1896. Car l'ordre public Belge n'exige qu'une chose, c'est que l'enfant ne puisse pas recevoir par testament plus que sa part de succession *ab intestat*, déterminée bien entendu par sa loi personnelle, loi de la succession.

Au contraire, supposons un père et une mère allemands, donnant par acte entre vifs en Belgique une somme a leur enfant naturel. Cette donation ne pourra jamais être annulée, car vis-à-vis du père, l'enfant naturel est un étranger et, par conséquent, capable de recevoir dans les limites de la quotité disponible, et d'autre part, vis-à-vis de la mère, l'enfant naturel est assimilé à l'enfant légitime, et peut ainsi recevoir autant qu'un enfant légitime.

Nous croyons donc que le père naturel étranger, peut donner par donation et testament à son enfant naturel, plus que sa part héréditaire, si la loi qui le régit le lui permet.

Ce que nous venons de dire de l'enfant naturel, doit-il s'entendre aussi de l'enfant adultérin ou incestueux ? Dans l'opinion que nous avons suivi, et qui applique sans distinction la loi du défunt à toute la succession, ce conflit est impossible ; car il faudrait supposer une législation reconnaissant d'une part : aux enfants adultérins ou incestueux des droits héréditaires, et d'une autre part permettant de leur donner même au-delà de cette quotité par donation ou testament, c'est à dire une législation qui ferait en matière de filiation adultérine ou incestueuse, ce que la loi de 1896 a fait en matière de filiation naturelle simple — or nous n'en connaissons pas.

Entre le code nap, et les codes qui l'ont reproduit plus ou moins exactement il ne peut pas y avoir de conflit ces

législations n'accordant aux enfants adultérins ou incestueux que des aliments et rien autre chose.

Entre le code nap. et les législations germaniques pas de
conflit non plus (dans l'opinion qui fait régir la succession
entière par la loi personnelle du défunt) car vis-à-vis du
père l'enfant incestueux est un étranger, et peut recevoir
dans les limites de la quotité disponible.

Quant à la mère ces enfants sont assimilés aux enfants
légitimes. ils peuvent donc recevoir tout ce qu'un enfant
légitime pourrait recevoir. L'ordre public international
n'exige qu'une chose c'est que l'enfant incestueux ou adultérin ne reçoive pas plus que sa part héréditaire mais il ne
s'oppose pas à ce qu'il recoive cette part, déterminée par sa
loi (Comparez Albéric Rolin n° 802 t. II p. 370).

Nous croyons inutile de faire remarquer qu'ayant admis
qu'un enfant adultérin ou incestueux peut hériter en France
selon la loi des *de cujus*,il peut aussi recevoir par testament
d'après la même loi, car si l'ordre public n'est pas troublé
dans le premier cas il ne saurait l'être dans le second.

CHAPITRE XI

Légitimation.

DROIT FRANÇAIS. — On peut définir la légitimation une faveur de la loi qui attribue aux enfants, nés hors mariage, la qualité d'enfants légitimes. La légitimation ne peut avoir lieu en droit français que par un mariage subséquent, mais c'est un effet forcé du mariage, c'est-à-dire que si l'enfant se trouve dans les conditions exigées par l'art. 331, le mariage des parents le légitimera même contre sa volonté et contre celle des parents, le seul droit de l'enfant est écrit dans l'art. 339.

Tous les enfants naturels peuvent être légitimés à l'exception des enfants adultérins et incestueux, et c'est, au moment de la conception, qu'il faut se placer pour savoir si un enfant peut être légitimé ou non ; malgré le texte très clair de l'art. 331, la Cour de cassation juge que l'enfant né de personnes parentes ou alliées est légitimé par le mariage subséquent, contracté avec dispense. La doctrine est en sens contraire.

L'art. 332, rend la légitimation possible même après la mort des enfants naturels, quand ceux-ci laissent des enfants légitimes.

Pour que la légitimation puisse avoir lieu, l'art. 331 exige une reconnaissance antérieure au mariage, ou contenue dans l'acte de célébration ; du reste, il importe peu que la reconnaissance soit volontaire ou forcée, tout ce que le législateur veut c'est que cette filiation soit constante.

On explique cette exigence de l'article 331, en disant que le législateur n'a pas voulu que les époux puisse se « créer des enfants par consentement mutuel » selon l'expression du premier consul.

Duranton, t. III, n° 180 et *Demante*, t. II, n° 57 bis, VII, vont plus loin et admettent que les enfants dont la filiation résulte d'une déclaration judiciaire même intervenue pendant le mariage, seront légitimés, car l'art. 331 n'a prévu que la reconnaissance volontaire et les fraudes ne sont pas à craindre en pareilles hypothèses.

L'art. 333 assimile les enfants légitimés aux enfants légitimes mais seulement à partir de la célébration du mariage.

LÉGISLATION COMPARÉE. — Le Code civil *Italien*, admet à la fois la légitimation par mariage subséquent et la légitimation par rescrit du prince, mais ces deux légitimations ne sont permises qu'en faveur des enfants naturels simples (art. 194 et 195). L'art. 197 n'exige pas que la reconnaissance soit antérieure au mariage — cette reconnaissance peut être même postérieure au mariage, l'art. 196 n'est que la reproduction de l'art. 332 c. Nap.

Art. 198. — La légitimation peut être accordée par décret royal, lorsque les conditions suivantes se trouvent réunies :

1° Qu'elle soit demandée par le père et la mère eux-mêmes ou par l'un d'eux ;

2° Que celui des père et mère qui la demande n'ait pas

d'enfants légitimes ou illégitimes par mariage subséquent, ni des descendants desdits enfants ;

3° Que ledit père, ou mère, se trouve dans l'impossibilité de légitimer l'enfant par mariage subséquent;

4' Que si le requérant est engagé dans les liens d'un mariage, il justifie du consentement de l'autre conjoint.

L'art. 200, dit que la demande de légitimation sera présentée à la Cour d'appel dans le ressort de laquelle réside le requérant; que la Cour, le ministère public entendu, déclare s'il peut ou non être fait droit à la légitimation demandée. Quand la délibération de la Cour est affirmative, elle est transmise par le ministère public au ministre de la justice, lequel après avoir pris l'avis du conseil d Etat, fait un rapport au *Roi*. Si le Roi accorde la légitimation, le décret royal sera adressé à la Cour qui aura donné son avis, il sera transcrit sur le registre à ce destiné, et il sera, à la diligence des parties intéressées, mentionné en marge de l'acte de naissance (art. 200).

Art. 199. — Les enfants eux-mêmes pourront demander la légitimation lorsque le père ou la mère est mort, mais lorsque dans un testament ou acte public ils ont exprimé la volonté de légitimer les enfants, mais il faut pour cela qu'au moment du décès les conditions des nos 2 et 3, art. 198 aient été réunies. La légitimation par décret royal produit les mêmes effets que la légitimation par mariage subséquent, mais à partir du décret (art. 201).

Le Code civil *Espagnol*, admet aussi les deux légitimations (art. 120) ; il se contente comme le C. Italien d'une reconnaissance postérieure au mariage (art. 121) ; il reproduit dans les art. 122, 123 et 124 les art. 332 et 333 du C.

Nap. ; il soumet la légitimation par lettre royale aux mêmes conditions que le C. Italien (art. 125), mais le code espagnol autorise la légitimation par lettre royale même en faveur des enfants adultérins et incestueux.

Le Code Espagnol n'assimile pas comme le C. Italien les deux légitimations. La légitimation par lettre royale ne donne à l'enfant que le droit de porter le nom de celui qui l'a légitimé, de recevoir des aliments. Au point de vue successoral la loi lui accorde les mêmes droits qu'à l'enfant naturel reconnu (art. 127).

Le C. c. *Portugais* n'admet que la légitimation par mariage subséquent, mais se contente d'une reconnaissance postérieure au mariage ; il n'autorise pas la reconnaissance des enfants adultérins et incestueux et prohibe par contre coup leur légitimation ; il reproduit les dispositions des art. 332 et 333 du C. Nap.

Le C. c. de *Malte* consacre les deux légitimations. La légitimation par decret de la *Cour de Juridiction gracieuse* est soumise aux mêmes conditions que dans le C. Italien, mais le code de Malte exige de plus le consentement de l'enfant s'il est majeur (art. 124).

Ces deux légitimations ne peuvent avoir lieu qu'au profit des enfants naturels simples (art. 130 et 131) ; les enfants légitimés par decret de la cour sont assimilés aux enfants naturels reconnus, quant aux droits de succession (art. 338).

Le Code civil *Allemand* admet la légitimation par mariage subséquent et par déclaration de légitimité.

La légitimation par mariage subséquent est permise, même au profit des *enfants adultérins et incestueux*. Le *consentement de l'enfant* n'est pas nécessaire, la légitimation n'est pas subordonnée à la *reconnaissance* de la paternité, il suffit que le père ait cohabité avec la mère à l'époque légale de la conception (art. 1720).

L'enfant légitimé est assimilé à l'enfant légitime ; l'art. 1722 n'est que l'art. 332 C. Nap.

Art. 1723. A la requête du père l'enfant naturel peut être déclaré légitime par une disposition de l'autorité. La déclaration de légitimité est de la compétence de l'Etat confédéré auquel appartient le père : si le père est Allemand et n'appartient à aucun état confédéré, elle est de la compétence du chancelier de l'Empire. Lorsqu'un état confédéré est compétent, c'est le gouvernement régional qui statue sur la déclaration de légitimité.

Pour la validité de cette législation, le consentement de l'enfant est nécessaire, et s'il n'a pas 21 ans celui de la mère (art. 1726) ; la requête et les consentements doivent être contenus dans un acte authentique (art. 1730). Cette légitimation est refusée à l'enfant incestueux (art. 1722), elle ne peut intervenir après le décès de l'enfant, ni après celui du père, à moins que celui-ci ne soit mort après avoir présenté la requête, (art. 1736). Par la déclaration de légitimité l'enfant se trouve dans la situation juridique d'un enfant légitime. vis-à-vis du père seulement et non vis-à-vis des parents de celui-ci (art. 1737).

Le Code civil du canton des *Grisons* n'admet la légitimation par rescrit du prince qu'au profit des enfants *de fiancés* ; et pour les enfants naturels simples après la mort de la mère (art. 84), les mêmes principes sont admis par le C. c. de *Zurich*.

Le droit *Anglais* n'admet pas la légitimation par mariage

subséquent ; et il en est de même pour le droit Russe, mais cette dernière législation admet la légitimation par Oukaze impérial lequel s'obtient trés difficilement depuis 1829 pour les classes privilégiées.

CONFLITS. — *Légitimation par mariage subséquent.* — L'article 331, exige comme conditions de la légitimation : le mariage et une reconnaissance antérieure à ce mariage. Que la forme du mariage et de la reconnaissance tombent sous l'application de la règle « *Locus regit actum* » cela ne souffre aucun doute, mais l'art. 331, en exigeant une reconnaissance antérieure au mariage, édicte-t-il une condition de fond ou de forme ?

L'opinion générale des auteurs, fait de cette exigeance, une condition de fond. (Weiss, p. 560 ; Despagnet, p. 452 et Journal 1888, Duguit, Journal 1886, Laurent, t. V, p. 535, Albéric Rolin, n° 199, t. I, Paris 1876, Bordeaux, 1877).

Pour ceux qui n'appliquent pas aux contrats solennels, la règle « *Locus regit actum* » il n'y a rien à dire, et ils peuvent considérer avec raison l'art. 331 comme tranchant une question de fond, mais pour ceux au contraire qui appliquent cette règle à tous les actes solennels ou non, la question est beaucoup plus délicate ; car, dans cette opinion, la légitimation sera le seul acte juridique impossible à l'étranger. Pourquoi cette différence ? la raison pratique qui explique l'application de la règle « *Locus regit actum* » à la donation ne l'explique-t-elle pas a *fortiori* pour la légitimation ?

M. Despagnet dit dans son article, Journal 1888, que si

le législateur a exigé une reconnaissance antérieure au mariage, c'est qu'il n'a pas voulu qu'on puisse faire des enfants « par consentement mutuel » ; tout ce que M. Despagnet prouve à notre avis, c'est que dans les actes solennels, la question de capacité est intimement liée à la question de forme et qu'on ne peut pas déterminer exactement le champ d'application de chacune de ces deux questions ; mais il ne nous montre pas pourquoi la donation même dénuée de toutes formes est permise à l'étranger, tandis que la légitimation ne serait accordée que si la reconnaissance avait été antérieure au mariage.

Pourquoi le législateur français exige-t-il un acte authentique quand il s'agit de la validité de la donation ? C'est en vue de protéger l'intérêt des familles, l'intérêt qu'ont les héritiers à ce que les donations soient très rares. Or l'irrévocabilité qui résulte de l'acte authentique est de nature à en diminuer le nombre, et ajoutez à cela la crainte des suggestions et des captations. Cependant, malgré toutes ces raisons qui exigent que la donation ne puisse avoir lieu que dans la forme authentique ; on applique purement et simplement la règle « Locus regit actum » ; a fortiori devrait-on appliquer cette règle à la légitimation ; car la donation est un acte facultatif, et non urgent, tandis que la légitimation est un devoir qui ne peut être différé, par exemple, dans le cas d'un mariage in extremis : (V. en ce sens : Cour de Besançon, 25 juillet 1876.) Nous croyons donc que le mariage de deux français en Allemagne, aura pour effet de légitimer les enfants naturels, sans qu'il soit nécessaire d'une reconnaissance antérieure.

Il ne faut pas oublier que dans l'opinion générale, la reconnaissance tombe sous l'application de la règle *locus regit actum*. Si on exige que cette reconnaissance soit antérieure au mariage, on donne naissance à de grandes difficultés.

1° Une reconnaissance par acte sous-seing privé. Comment saura-t-on si elle est antérieure ou postérieure au mariage ? On ne peut pas lui demander une date certaine, car ce serait lui enlever une partie de son utilité ;

2° La reconnaissance résultant de la possession d'Etat, combien de temps faut-il que l'enfant ait joui de la possession d Etat avant le mariage de ses parents, pour que cette possession d'Etat puisse remplacer la reconnaissance de l'art. 331 ? On nous dira que c'est à la loi étrangère à rérépondre, mais cela ne supprime pas les difficultés, car il se peut que la loi étrangère n'ait pas prévu la question.

3° La législation n'est pas admise en Russie et la reconnaissance n'y est pas connue. Donc le mariage de deux français en Russie ne légitimera pas les enfants naturels.

Quand un acte de l'état civil est impossible à l'étranger, M. Weiss dit que l'art. 46 C. C., est applicable ; dès lors cet article s'appliquera à tous les actes de l'état civil sauf à la légitimation. Cet article s'applique bien à la reconnaissance, mais cela ne suffit pas, car dans notre cas, il faut quelque chose de plus, il faut que cette filiation ait été légalement constatée avant le mariage.

Les codes : *Italien, Espagnol, Portugais,* de l'*île de Malte,* se contentent, contrairement à l'art. 331, d'une reconnaissance postérieure au mariage ; le C. c. allemand n'exige aucune reconnaissance comme condition de la légitimation et l'opinion générale est que l'Italien sera légitimé en France, même s'il est reconnu après le mariage, et l'allemand sans être reconnu du tout. On donne ces solutions en considérant la question comme une question de capacité (Weiss, p. 560 ; Despagnet, p. 452, n° 444). Pour nous, nous admettons bien la même opinion, mais nous la faisons découler du caractère facultatif de la règle « *locus regit actum* », l'art. 331 n'envisageant, à notre sens, qu'une question de forme, du moins au point de vue qui nous occupe.

Capacité. — Supposons un mariage entre français à l'étranger. Quelle est la loi qui décidera la question de savoir si la légitimation est ou non possible, les parties ayant la même nationalité? Certains jurisconsultes anciens donnaient la préférence à la loi du lieu où le mariage a été célébré (*Huber*).

Savigny et *Roco* disent qu'il faut tenir compte de la loi du domicile du père au moment du mariage.

Schaeffner donne la préférence à la loi du domicile du père au moment de la naissance de l'enfant.

Aujourd'hui, tout le monde est d'accord pour admettre que c'est la loi personnelle qui régit la légitimation et cette loi, c'est la loi nationale du père au moment du mariage, d'après la jurisprudence française et la doctrine (Weiss, p. 560, Despagnet, p. 450, Duguit, Journal, 1886, p. 513; Albéric, Rolin, n° 621).

On doit donc conclure que si deux français se marient en Angleterre, la légitimation s'en suivra comme un effet du mariage régi par la loi française, et bien que cet acte soit inconnu en Angleterre ; il faut toutefois remarquer qu'aux yeux du législateur anglais, la loi personnelle, c'est la loi du domicile du père, au moment de la naissance de l'enfant (Doctrine Schaeffner), au lieu d'être la loi nationale au moment du mariage, et que cette légitimation sera sans effet quant à la succession des immeubles situés en Angleterre (arrêt de la Cour d'appel de Londres, 13 avril 1881. V° Albéric Rolin, n° 621, p. 150).

Au contraire, si deux anglais domiciliés en Angleterre se marient en France, la légitimation n'aura pas lieu, la loi qui régit la capacité des parties ne l'admettant pas. La Cour de cassation a été plus loin et elle a jugé que la légitimation était d'ordre public international, c'est-à-dire que tout mariage contracté en France aura pour effet de légitimer les enfants naturels qui se trouvent dans les conditions de l'art. 331, et cela sans tenir compte de la loi personnelle des parties (Chambre civile, 23 novembre 1857).

« Ces considérations, de fait et de droit, ont d'autant plus de force que d'après son objet et ses résultats, qui sont de réparer une faute commise contre l'ordre social, etc., etc. la légitimation par mariage subséquent est en France comme le mariage lui-même, d'ordre public. »

La Cour de renvoi a jugé dans le même sens : Bourges, 1858, mai 26 (S. 58, 2, 178), même sens Cour de Rouen, chambres réunies, 1887, janvier 5 (Journal 1887, p. 183) ; *Bertauld*, questions pratiques, t. I, n° 21.

Tous les auteurs combattent cette opinion et avec raison (v. Weiss, p. 560, et les autorités qu'il cite, et Albéric Rolin, n° 621, p. 151).

Nous avons supposé, jusqu'à présent, que les parties ont la même nationalité et nous nous sommes référé à la loi nationale, au moment du mariage, sans admettre que l'application de cette loi puisse être repoussée par l'ordre

Juvara   13 public international. Mais il peut arriver que le père et la mère, ou le père et l'enfant, n'aient pas la même nationalité ; quelle loi régit alors la légitimation ? Il est d'abord une loi qui est facile, elle se présente lorsque le mari et la femme n'ont pas la même nationalité ; dans ce cas, ce sera la loi du mari qui régira la légitimation, car c'est cette loi qui régit les effets du mariage et qui est imposée à la femme ; qu'on consulte la loi de la femme, pour savoir si le mariage est possible, rien de mieux, mais dès que le mariage est possible, c'est la nationalité du mari qui est imposée à la femme et, au moment où la légitimation se produit, les époux se trouvent avoir ainsi forcément la même nationalité — celle du mari (Despaguet, p. 450, n° 442, Albéric Rolin, p. 152, n° 622, t. II).

Si le père n'a pas la même nationalité que l'enfant, M. Weiss, exige que la légitimation soit admise par les deux lois : « Il suffirait d'ailleurs, pour que la légitimation soit nulle que l'un d'eux soit incapable, le père de légitimer ou l'enfant d'être légitime » (Weiss, p. 559, Despagnet, p. 450 n° 442).

Nous ne croyons pas pouvoir suivre cette opinion parce qu'elle est trop rigoureuse et parce que nous croyons qu'elle pousse trop loin cette idée vraie, à savoir que c'est la loi nationale qui régit l'état et la capacité des individus, voyez du reste à quelles conséquences elle mène :

Un français ayant deux enfants naturels d'une femme russe, le premier est français le second russe, cette situation peut être très fréquente depuis la loi de 1889. Si les parents se marient le premier enfant sera légitimé, le second ne le sera pas ; car la loi russe qui régit sa capacité, interdit la légitimation, pourtant, nous le supposons, les parties n'ont jamais quitté la France.

Nous ne croyons pas que cette solution soit commandée ni par les principes, ni par la raison. (Voir dans ce sens Duguit. Journal 1886 p. 514, Albéric Rolin n° 622 p. 152 t. II).

Dans notre opinion c'est donc la loi personnelle du père seule qui décide si la légitimation est ou non possible, et cette loi, c'est la loi nationale au moment du mariage. Mais il se peut que le père change de nationalité justement pour rendre cette légitimation possible, par exemple un sujet russe, ayant des enfants naturels, se fait naturaliser français et se marie étant français. Cette légitimation sera-t-elle valable pour les tribunaux russes ?

Non, dit M. Duguit, parce que l'individu a voulu éluder sa loi.

Nous ne comprenons la raison qui décide cet auteur ; la naturalisation est un acte légal et permis par toutes les législations, elle est soumise à quelques conditions, mais le législateur ne s'occupe pas de scruter l'intention de l'individu qui change de nationalité.

Si cette opinion était vraie. la naturalisation serait toujours dénuée d'effets, car si un individu change de nationalité c'est qu'il veut se soustraire aux effets de sa loi personnelle. Nous croyons donc que l'individu qui change de nationalité pour rendre la légitimation possible, comme celui qui change pour la rendre impossible, ne fait qu'un acte licite et autorisé par la loi (V. Albéric Rolin, n° 624, p. 154, t. II).

L'article 331, prohibe la légitimation des enfants adultérins et incestueux ; le C. C. Allemand l'admet même en faveur de ces enfants ; il faut distinguer deux cas :

1° Le mariage a eu lieu en Allemagne, et l'enfant incestueux mais légitimé par ce mariage se présente en France avec sa qualité acquise d'enfant légitimé pour réclamer une pension alimentaire par exemple ; dans ce cas, la question nous paraît très simple, l'enfant sera considéré comme légitimé, de même que la reconnaissance de cet enfant intervénue en Allemagne sera reconnue comme valable en France.

Les tribunaux français n'ont aucun titre pour apprécier la valeur de cette légitimation, pas plus qu'ils n'ont de titre pour apprécier la constitution de la famille d'un Mahométan.

2° Le mariage a lieu en France ; ce mariage aura-t-il pour effet de légitimer les enfants adultérins ou incestueux ?

Il faut remarquer qu'en ce qui concerne les enfants incestueux, la question ne peut se présenter que pour les enfants nés de personnes qui ne peuvent se marier qu'avec une dispense du Chef de l'Etat, car aucune législation ne permet le mariage entre descendants et ascendants, ni entre frère et sœur ; par exemple deux cousins germains français se mariant en Roumanie où ce mariage est prohibé, ou un beau-frère et une belle-sœur allemands se mariant en France. Quant aux enfants adultérins, le conflit n'est possible qu'avec le C. C. Allemand et d'autres législations germaniques, car les Codes : Belge, Italien, Espagnol, Portugais, de Malte admettent les mêmes principes que l'art. 331, C. Nap.

Deux cousins germains français se marient dans un

pays où ce mariage est prohibé, les enfants seront-ils légitimes ? Non dans l'opinion générale (V. Despagnet n° 444 p. 451, Duguit 1886 p. 513 et suivantes) les autres auteurs n'en parlent pas, mais leur opinion n'est pas douteuse.

Dans notre opinion, l'affirmative s'impose, nous avons admis en effet que deux sujets allemands oncle et nièce peuvent se marier en France sans dispense du Chef de l'Etat français, nous devons donc admettre que cet enfant qui est naturel d'après la loi allemande sera légitime, sans que la morale publique en souffre, car la loi allemande seule décidant si le mariage est possible, c'est encore cette loi seule qui régira les effets du mariage.

On pourrait peut-être répondre que si le mariage est permis, il ne s'ensuit nullement que la légitimation puisse en résulter et que ce mariage sera assimilé à celui des français qui d'après la doctrine ne légitime pas les enfants incestueux ?

Cela ne serait vrai que si le mariage avait eu lieu avec une dispense du chef de l'Etat français, car dans ce cas on peut dire que le mariage des étrangers est assimilé à celui des français et qu'il ne saurait produire des effets plus étendus, mais puisqu'on admet que ce mariage peut se contracter sans dispense, c'est qu'on applique simplement la loi personnelle, et il n'y a aucune raison de distinguer entre les condition du mariage et ses effets.

Et puis peut-on dire que la morale publique souffrira d'une telle légitimation ? l'argument ne nous toucherait pas car la cour de Cassation admet la même opinion en droit

français, et cela, malgré le texte très clair de l'art. 331.
Donc la morale n'en souffre pas.

La conférence de la Haye et M. Albéric Rolin qui admettent le mariage entre parents ou alliés sans dispense, ne parlent pas de la légitimation. Pour quelle raison ?

Si on autorise la légitimation des enfants incestueux on doit aussi permettre la légitimation des enfants adultérins, car les deux filiations sont intimement liés dans le C. C. Français. Et il faut remarquer que considérer l'art. 331 comme étant d'ordre public international, ce n'est envisager la question qu'au point de vue théorique car en pratique il sera très facile de l'éluder. En effet, nous avons admis que la légitimation d'un enfant adultérin ou incestueux, intervenue à l'étranger sera valable même en France donc deux sujets allemands connaissant la disposition de l'article 331, n'ont qu'à aller contracter le mariage en Suisse ou dans leur pays, pour que cette légitimation soit valable, tout l'effet de l'article 331 se réduit à forcer les étrangers à faire un voyage de noce ou de légitimation.

Nous avons dit que l'opinion générale considère l'articte 331 en tant qu'il exige une reconnaissance antérieure au mariage, comme une question de capacité, cette opinion soulève quelques difficultés pour le cas de changement de nationalité.

D'abord, si le père n'a pas la même nationalité que le fils, c'est la loi du père, dit M. Despagnet, qu'on doit suivre pour savoir si l'art 331 s'applique ou ne s'applique pas. (Despagnet, n° 444, p. 452). Supposons, ensuite, un père français, au moment du mariage, et qui n'a pas reconnu son enfant, il devient ensuite espagnol et le reconnaît, la légitimation aura-t-elle lieu ? Oui, disent MM. Despagnet, n° 144 et Duguit, 1886, p. 522, car la légitimation n'est parfaite que par la réunion de deux actes : le mariage et la reconnaissance. Or, le père étant espagnol au moment où intervient la reconnaissance, la légitimation sera possible car elle est régie par la loi espagnole. Si le changement de nationalité est forcé, par exemple s'il résulte d'une annexion, M. Despagnet, n° 444, applique les mêmes principes.

Au contraire MM. *Duguit,* journal, 1886, p. 522 et *Lehr,* journal, 1883, p. 143, combinent les deux lois et appliquent au sujet annexé toutes les lois du nouveau pays, en lui réservant cependant les droits que lui garantissaient le pays annexé. Conséquence : l'Italien devenu Français après son mariage pourra légitimer son enfant en le reconnaissant en vertu de son ancienne loi : et le français devenu italien, toujours après son mariage, pourra légitimer son enfant qu'il n'aurait pas reconnu jusqu'alors, et cela en vertu de sa loi actuelle.

La législation par rescrit du prince. — Cette légitimation est admise par un grand nombre de législations étrangères et présente beaucoup d'avantages, elle est inconnue en droit français, d'où des conflits possibles que nous allons étudier. La première question qui se présente est celle de savoir si la légitimation par *rescrit du prince* peut être considérée comme une simple question de forme; c'est-à-dire si un français peut légitimer son enfant en Italie ou en Allemagne, par un acte de l'autorité compétente.

Pourquoi un français qui peut se marier sans aucune forme en Ecosse, qui peut reconnaître son enfant naturel par acte sous-seing privé en Roumanie, ou par possession d'état en Espagne, ne pourrait-il pas légitimer son enfant naturel par rescrit du prince en Allemagne?

Puisque la principale raison, et peut-être la seule, qui explique la règle « *locus regit actum* », est tirée de la nécessité pratique, il est évident que cette raison s'applique aussi bien à la légitimité qu'à la donation.

Si la légitimation par rescrit du prince était assimilée dans les différentes législations à la légitimation par mariage subséquent, si elle était admise concurremment avec la légitimation par mariage subséquent, c'est-à-dire dans les mêmes conditions et produisant les mêmes effets, dans ce cas, nous n'hésiterions pas à admettre l'affirmative. et nous croyons que cette opinion s'imposerait a tous ceux qui appliquent la règle « *locus regit actum* » aux actes solennels.

Mais comme cette légitimation n'est admise que sous certaines conditions, notamment qu'elle n'est possible qu'à défaut de légitimation par mariage subséquent, qu'à défaut de descendants légitimes. etc., et qu'elle ne produit généralement que des effets restreints et qui lui sont spéciaux. Cette légitimation par rescrit du prince doit être considérée comme un acte juridique à part, inconnu de la législation française, et, à ce titre, refusée aux français habitant dans les pays où elle est admise,

Toutefois la règle *locus regit actum* peut être appliquée dans cette matière, mais dans un autre sens : supposons un italien dont la loi admet la légitimation par rescrit du prince, habitant l'Espagne et voulant légitimer son enfant, il pourra le faire par un acte de l'autorité *espagnole*, car l'acte juridique étant admis par les deux législations, l'acte de l'autorité espagnole n'est qu'une simple forme, mais il est inutile d'ajouter que les effets de cette légitimation seront repris par la loi italienne.

C'est aussi l'opinion de M. Duguit, mais, ajoute cet auteur, si une législation comme le C. c. Russe ou Hollandais, n'accorde cette légitimation que dans des circonstances particulières, comme une faveur, cette solution n'est plus exacte et un russe ou un hollandais ne pourront pas légitimer leur enfant en Italie par un decret royal (Duguit-Journal, 1886, p. 525). Soit maintenant une légitimation par rescrit du prince intervenue en Allemagne au profit d'un allemand, cet allemand peut se prévaloir partout de cette légitimation, même dans les pays où elle est inconnue comme en France. C'est l'opinion générale à l'exception de Rocco.

Mais un allemand habite la France, peut-il faire légitimer son enfant par rescrit du prince ? Et pourquoi pas ? Est-ce qu'un français, habitant la Russie, ne peut pas reconnaître son enfant naturel devant son consul ? Et puis, y-a-t-il une différence entre l'individu qui habite son pays et celui qui habite la France en cette matière ? Evidemment non, car toute la procédure se passe à l'étranger et l'allemand ne présentera en France qu'une copie de l'acte de l'autorité étrangère qui a été transcrit dans son pays.

M. Despagnet, n° 445, dit que ce mode de légitimation ne lui paraît possible que dans le pays d'origine : les autres auteurs n'en parlent pas.

Il se peut que l'enfant n'ait pas la nationalité du père. Cet enfant a été légitimé par rescrit du prince, quelle est la loi qui décide si cette légitimation est ou non valable ?

« Les écrivains qui considèrent comme loi personnelle la loi du domicile, pensent en général que la validité de la légitimation doit être appréciée d'après la loi du lieu de naissance, on peut être pour parler plus exactement, d'après celle du domicile d'origine de l'enfant naturel. Ceux qui substituent à la loi du domicile comme loi personnelle de l'individu, la loi nationale. sont d'avis pour la plupart, que la question doit se décider d'après la loi nationale de l'enfant. Ils ne disent pas si c'est d'après sa loi nationale, au moment de sa naissance, ou d'après sa loi nationale, au moment de l'acte d'où dérive la légitimation » (Albéric Rolin, n° 628, p. 158, t. II. MM. Weiss et Laurent disent que c'est de la loi personnelle de l'enfant que dépend la validité de la légitimation, car c'est une question de capacité (Weiss p. 561 ; Laurent, t. V, p. 613 et 618). MM. Despagnet, p. 454, n° 445 ; Duguit, Journal, 1886, p. 625 ; Asser et Rivier, p. 126 et note, disent que cette légitimation n'est possible que si elle est admise par les deux lois à la fois.

Nous repoussons la première opinion, parce qu'elle n'est pas pratique ; en effet, la légitimation par rescrit du prince n'est pas admise par toutes les législations et elle ne produit pas les mêmes effets partout. Supposons un enfant de nationalité espagnole qui a été légitimé en Espagne et qui se présente à la succession de son père, français, succession ouverte en France.

Il est d'abord probable qu'on ne l'admettra pas, car il n'est pas vrai de dire qu'il s'agit seulement de l'état de l'enfant, il s'agit aussi de l'état du père qui est Français. Mais supposons qu'on admette la validité de la légitimation et qu'on lui permette de succéder à son père en France, quelle est la loi qui régit les effets de la légitimation ? Ce ne peut pas être la loi française ; et si c'est la loi espagnole, elle donnera naissance à des difficultés pratiques. Cette légitimation ne produisant que des effets spéciaux et inconnus en droit français.

Sans compter les difficultés insurmontables qui se présenteront dans le cas où se trouveraient deux enfants de nationalités différentes. Nous repoussons la seconde opinion parce qu'elle est trop rigoureuse et parce qu'il est impossible de faire une telle différence entre cette légitimation et la légitima-ion par mariage subséquent. Or, nous avons soutenu en matière de légitimation par marirge subséquent qu'on doit s'attacher uniquement à la loi du père. donc nous devons émettre la même opinion ici.

M. Duguit, qui en matière de légitimation par mariage subséquent. admet la même opinion que nous, professe ici une doctrine différente et n'admet la légitimation par rescrit du prince que si elle est permise dans les deux lois à la fois, en disant que cette légitimation ne crée pas une vraie famille mais seulement des rapports spéciaux et déterminés par chaque loi. (Duguit, 1886, p. 525.)

Nous ne comprenons pas pourquoi un enfant de nationalité française ne pourrait être légitimé par un acte de l'autorité italienne, loi de son père, tandis qu'un enfant de nationalité anglaise pourrait être légitimé par le mariage subséquent de son père français : les deux questions n'en font qu'une, et la raison de M. Duguit ne prouve rien ; car si la légitimation par rescrit du prince est un acte inconnu pour l'enfant français ; la légitimation par mariage subséquent n'est pas davantage connue pour l'enfant anglais, cette légitimation d'ailleurs serait toujours avantageuse à l'enfant.

(Comparez Albéric Rolin, n° 628, p. 160, t. II).

Le Code civil Espagnol admet la légitimation par rescrit du prince même en faveur des enfants adultérins et incestueux. Cette légitimation intervenue en Espagne sera-t-elle valable en France ? non dans une première opinion (Weiss, p. 561).

Cette opinion est inadmissible car elle conduirait à décider que la légitimation par mariage subséquant ne serait pas non plus valable pour les tribunaux français, même dans le cas où le mariage aurait eu lieu à l'étranger ; que l'enfant d'un mahométan devait être considéré comme adultérin et que l'enfant issu du mariage d'un oncle et d'une nièce allemands serait incestueux ; conséquences qui sont inacceptables et qui ne sont admises par personne aujourd'hui. Quant à la morale publique elle ne peut pas souffrir dans ce cas plus que dans les autres, c'est-à-dire qu'elle ne souffre pas du tout (Voir dans ce sens Albéric Rolin t. II page 161 n° 629).

Mais l'espagnol habite la France pendant cette légitimation par acte d'autorité à lieu peut-on dire que dans ce cas la légitimation sera inexistante de même que la reconnaissance d'un enfant adultérin ou incestueux ?

Non, car si l'espagnol habite la France toute la procédure se découle en Espagne et l'enfant ne fait que produire une copie de l'acte de légitimation, donc la légitimation par rescrit du prince a toujours lieu à l'étranger, et la distinction entre une légitimation intervenue au profit d'un espagnol habitant l'Espagne, et celle intervenue au profit d'un espagnol habitant la France, ne se comprend même pas.

Quelle est la loi qui régit les effets de cette légitimation ?

Dans l'opinion de MM. Weiss et Laurent, ce devrait être la loi de l'enfant.

Dans l'opinion de M. Duguit, ce devraient être les deux lois à la fois, c'est-à-dire que cette légitimation par rescrit du prince dans les cas où elle est possible, ne produira que les effets reconnus à la fois par les deux lois.

Enfin, dans notre opinion, ce sera la loi du père (V. dans ce sens Albéric Rolin, p. 162, n° 631).

Vu :
Le Président de la Thèse,
ANDRÉ WEISS.

Vu : le Doyen,
GARSONNET.

Vu et permis d'imprimer :
Le Vice-Recteur de l'Académie de Paris.
GRÉARD.

OUVRAGES SPÉCIALEMENT CONSULTÉS

Alexandresco (Dem). — Droit ancien et moderne de la Roumanie. Bucarest, 1897.

Asser et Rivier. — Eléments de droit international privée, ou du conflit des lois. Paris, 1884.

Aubry et Rau. — Cours de droit civil français, 4e édition, 1869-1879 ; 5e édition, 1897 t. I et II.

Bertauld. — Questions pratiques et doctrinales du code Napoléon, Paris, 1867-1969.

Billiet (Clément). — Code civil de Malte, Paris, 1896.

Boissaric (René). — De la notion de l'ordre public en droit international privé (Thèse) Paris, 1888.

Brocher (Ch.). — 1° Nouveau traité de droit international privé. Paris, 1876.

— 2° Cours de droit international privé, suivant les principes consacrés par le droit positif français. Paris et Genève 1882-1885.

Demangeat. — Histoire de la condation civile des étrangers en France dans l'ancien et le nouveau droit. Paris, 1844.

Demante et Colmet de Santerre. — Cours analytique de code civil. 3ª édition, Paris, 1873-1896.

Demolombe. — Cours de code civil, 5e édition, Paris.

Despagnet (Frantz). — 1° Précis de droit international privé, 2e édition, Paris, 1891.

— 2° De la légitimation en droit international privé (Journal de dr. int. pr. 1888 p. 585).

— 3° De l'ordre public en droit international privé (Journal de dr. int. pr. 1889, p. 5 et 207).

Duguit (L). — 1° Des conflits de législations, relatifs à la forme des actes civils (Thèse), Paris, 1882.

— 2° Du conflit des lois en matière de filiation (Journal de dr. int. pr. 1885 p. 353 ; 1886 p. 513).

Fiore (P.). — Diretto internazionale privato. 1e édition, traduite en français par Pradier Fodéré, Paris, 1875.

Grasserie (Raoul de la). — 1° Code civil du canton des Grissous, Paris, 1893

— 2° Code civil Suédois, Paris 1895.

Guillot (André). — De l'acquisition de la qualité de français au point de vue du droit interne, loi du 26 juin 1889. (Thèse) Lyon 1890.

Lainé (A.) — Introduction au droit international privé, contenant une étude historique et critique de la théorie des statuts, et des rapports de cette théorie avec le code civil. Paris, 1888-1891 (t. I et II).

Laurent (Fr.) — 1° Principes de droit civil, 3e éd., 1869-1878.
— 2° Le droit civil international, 1880-1882.

Lehr (E.).— 1° Cas de conflit de législations en matière de légitimation d'un enfant naturel. (Journal de dr. int. pr. 1883, p. 143).
— 2° Eléments de droit civil anglais. Paris, 1885.
— 3e Eléments de droit civil russe. Ed. 1877,
— 4° Code civil de Zurich. Paris, 1890.

Levé (A.). Code civil espagnol. Paris, 1890.

Lepelletier (Fernand). = Code civil portugais. Paris, 1894.

Meulenaere (O. de). — Code civil allemand promulgué le 18 août 1896. Paris, 1897.

Olivi. — Du conflit des lois en matière d'obligation alimentaire. (Revue de dr. international 1883, p. 209 et 357.)

Pillet (A.). — De l'ordre public en droit international privé. (Annales de l'enseignement supérieur de Grenoble 1890.)

Prudhomme (Henri). — Code civil italien. Paris 1896.

Renault (L.). — De la succession *ab intestat* des étrangers en France et des Français à l'étranger. (Journal de dr. inter. pr. 1875, p. 329 et 422 ; 1876, p. 15.)

Rolin (Albéric). — Principes du droit international privé et applications aux diverses matières du code civil. Paris, 1877.

Vareilles-Sommières (comte de). — La synthèse du droit international privé. Paris, 1898.

Vincent et Pénaud. — Dictionnaire de droit international privé. Paris, 1888.

Weiss (André). — 1° Traité élémentaire de droit international privé, 2ᵉ édit. Paris, 1890.

    — 2° Traité théorique et pratique de droit international privé. Paris, 1894-1898 (t. I, II, III).

TABLE DES MATIÈRES

Imprimerie A. RAYMOND, Parthenay

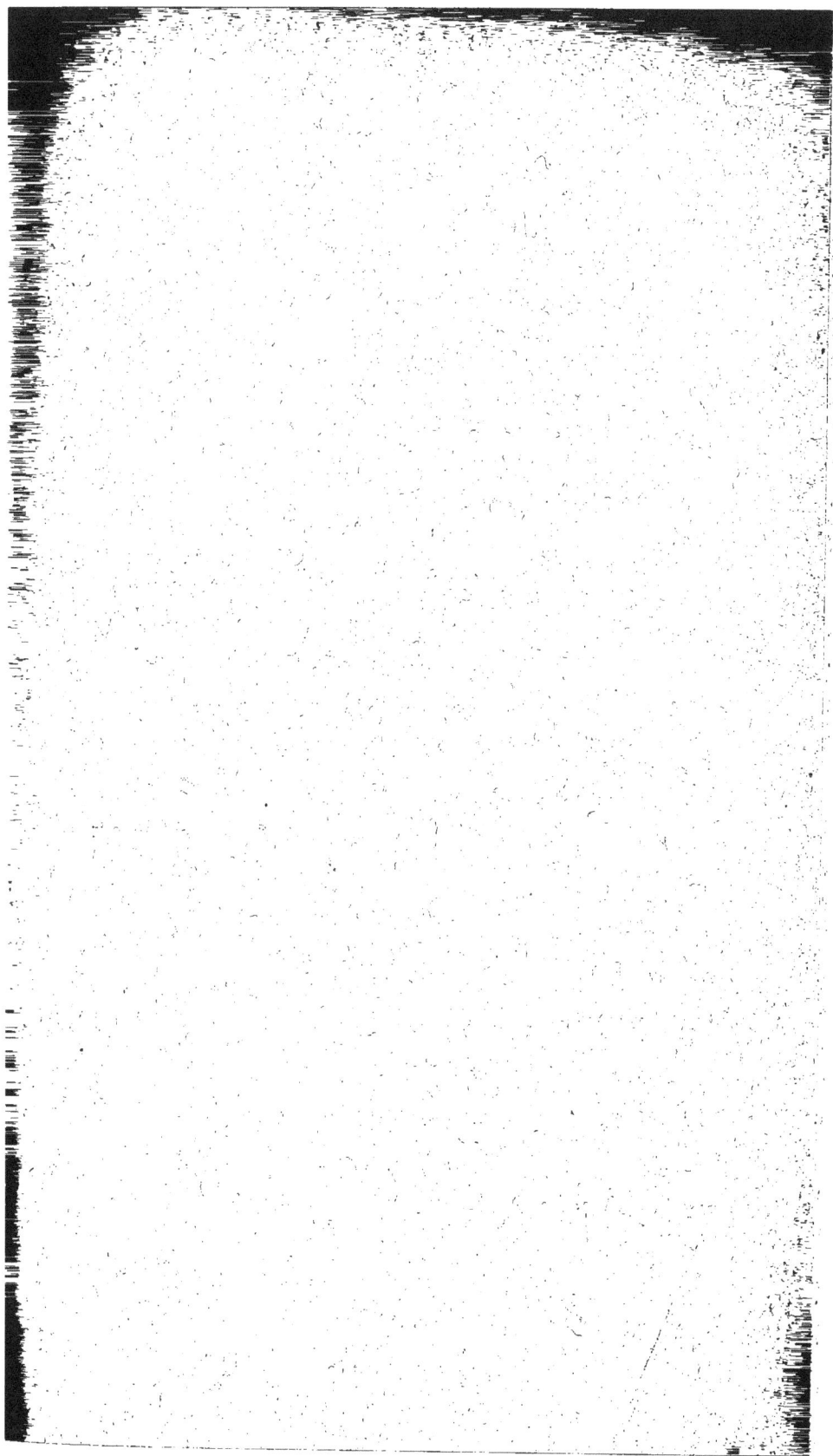

Parthenay — Imprimerie A. RAYMOND

www.ingramcontent.com/pod-product-compliance
Lightning Source LLC
Chambersburg PA
CBHW070506200326
41519CB00013B/2738